KB172850

우리 얘기 좀 하자

우리 얘기 좀 하자

최형배 지음

상대방의 언어를 이해하고 마음을 읽어 내어
관계 회복으로 이어지는 마술 같은 소통법!

좋은땅

목차

프롤로그

0-1

소통이란 무엇일까?

우리, 얘기 좀 해!

여러분은 누군가에게 이 말을 들으면 어떤 느낌이 드는가?

나에게 기분 좋은 소식을 전해주기 위해 이야기를 하거나 나에게 고백을 하기 위해서 수줍게 건네는 말은 아닐 것이다. 무언가 소통의 부재를 느끼고 나에게 하는 말일 것이다.

도통 너랑은 소통이 안되는 것 같으니 우리 이야기하면서 소통 좀 해 보자!

이런 의미를 담고 말을 건네는 것이 대부분이다.

소통이란 무엇일까? 사전적인 용어를 보면 아래와 같다.

'막히지 않고 잘 통함'

단순히 나의 의사를 막히지 않고 잘 통하게 전달하고 받는 것을 떠나 마음과 마음이 연결되는 것을 우리는 그 사람과 소통이 잘 된다고 이야기를 한다.

그러나 소통을 하고자 마음먹고 '우리, 얘기 좀 해!' 하고 마주 앉아 이야기한다고 안되던 소통이 잘될까? 물론 서로의 오해를 풀고 잘되는 경우도 예도 있지만 잘 안되는 경우도 매우 많을 것이다.

나는 마술사로서 '너는 마술사니까 내 여자친구 마음 좀 알아내 줘~', '우리 남편 속마음을 모르겠으니 알아내 주세요~' 이런 질문들을 많이 듣는다. 그 대답을 내가 알고 있는 마술 스킬과 언어 스킬을 동원해 책에 담아내고자 했다.

이 책을 통해 '우리, 얘기 좀 해!'라는 말이 목구멍을 치기 전에 상대방과 소통을 잘하는 방법을 담아냈다.

0-2

상대를 알고 나를 알면 언제나 백전백승이다

소통이 되지 않을 때 다음과 같이 많이들 생각할 것이다.

'쟤는 왜 말귀를 못 알아들어?'
'쟤는 이해가 안 되게 행동하네.'

정말 상대방은 내가 말을 잘 전달했는데 말귀를 못 알아듣는 사람일까?

정말 상대방은 사회생활을 잘못하는 사람일까?

상대방은 도대체 왜 내 말을 못 알아들을까?
나에겐 문제가 없고 상대방만이 잘못된 것일까?
소통에 있어서 상대를 알고 나를 알면 백전백승일 것이다.

0 - 3

마술은 정말 사기일까?

나는 소통 강연가이기도 하지만 마술사이기도 하다.
그리고 사기꾼이라는 말을 많이 듣는다.

마술사 = 사기꾼

우리나라에서는 흔히들 하는 생각이다.

내가 만약에 여러분에게 마술을 선보인다고 가정해 보자! 내가 마술을 보여 주기 위해 여러분에게 5만 원권을 빌린다. 그 후 나는 그 5만 원권을 여러분 눈앞에서 사라지게 한다. 그 후 내가 그 자리에서 그냥 자리를 뜬다면?! 나는 사기꾼이 맞을 것이다.

그러나 나는 사라진 돈을 다른 곳에 나타나게 하여 그 돈을 돌려준다.

마술은 상대방에게 즐거움을 주기 위해 트릭이라는 것을 사용한다. 트릭을 통해 놀라움을 선사하기도 하고 마술사를 매력적으로 보이게 만들기도 한다.

소통 또한 마찬가지다. 단순히 의미를 전달하고 이야기하는 게 아니라 소통하는 방법과 심리적, 언어적 트릭을 많이 알고 상대방의 마음을 이끈다면 정말 마법과 같은 일이 펼쳐질 것이다.

그렇다면 이건 사기일까?

마술이 사기라고 믿는 사람에겐 마술이 사기일 수도 있다.

'사'람을 사귀는 '기'술

지금부터 사람을 사귀는 기술에 대해서 본격적으로 알아보자!

PART 1

관점의 차이

1-1

꼰대와 멘토,
쿨한 부하와 센스 있는 부하는 한 끗 차이다

#

여러분은 이것을 뭐라고 읽는가?!

나는 '샵'이라고 읽지만 나보다 나이가 좀 더 있으신 분들은 '우물정' 이라고 읽는다.

그리고 나보다 젊은 친구들은 '해시태그'라고 읽는다.

국가가 다르지 않은데도 하나의 문양을 읽는 법이 모두 다르다. 세대 간의 차이가 나는 것은 이것 말고도 노래를 통해서도 알 수 있다.

몇 가지 더 해 보자!

마리아

어떤 노래가 생각이 날까?

나이가 조금 많다면 김아중의 「마리아」를 생각할 것이고
나이가 조금 젊다면 화사의 「마리아」를 생각할 것이다.

여보세요

어떤 노래가 생각이 날까?

40, 50대 한영애의 「누구없소」!
30, 40대 임창정의 「소주한잔」!
10, 20대 뉴이스트의 「여보세요」!

머리부터 발끝까지

어떤 노래가 생각이 날까?

30대 후반, 40대 김종국의 「사랑스러워」!
30대 초중반 포미닛의 「핫이슈」
10, 20대 전현무가 생각나는 오로나민 CF

거짓말

어떤 노래가 생각이 날까?

50대 조항조의 「거짓말」
30대 후반, 40대 GOD의 「거짓말」
20대 후반, 30대 초반 빅뱅의 「거짓말」

'유리'는 어느 팀일까요?

어떤 사람은 쿨, 어떤 사람은 소녀시대, 어떤 사람은 아이즈원.

앞서 했던 테스트에서 누군가는 나는 아직 젊네! 라고 생각했을 수
도 있다.

위의 통화 버튼은 전화기 모양에서 따왔다. 다들 그렇게 알고 이해할 것이다.

그런데 우리 아이들에겐 귀 모양으로 보인다. 그래서 '통화 버튼이구나!'라고 이해한다.

요즘 아이들에게 전화기는 스마트폰이기 때문에 통화 버튼은 전화기 모양을 따온 거야! 하고 이야기한다면 이해하지 못한다.

이 글을 읽는 모두가 나이가 들어간다.

|직장 내 갈등|

세대 간의 갈등은 직장 내에서 가장 많이 볼 수 있다. 직장 상사와 부하 직원의 갈등이다.

우리 얘기 좀 하자

직장 상사는 아쉽게도 멘토라는 느낌보다 꼰대의 이미지가 강하다.

꼰대와 멘토의 차이는 무엇일까?! 내가 생각하기에 꼰대는 내가 요청하지도 않았는데도 굳이 와서 이것저것 알려 준다. 심지어 본인들의 '라떼는 말이다'를 기반으로 나의 삶에 이런저런 방향들을 제시해 준다.

누가 물어보았는가?! 왜 와서 나를 귀찮게 하는가? 우리가 귀찮게 여긴다는 건 듣기 싫은 말일 것이다. 그리고 그 말을 가만히 들여다보면 나를 위하거나 토닥여 주는 것이 아니라 냉철한 현실에 대한 분석과 본인의 지난 경험에 빗대어 방향성을 제시하고 내가 어떻게 해야 하는지 이야기한다. 여기까지는 그럴 수가 있다고 치자! 왜 꼭 마지막에 이 한마디를 하는가?

'나니까 이런 거 알려주지!'
'요즘 이런 상사 어디 있냐~~~'

정말 목젖을 한껏 내려치고 싶다.

그렇다면 내가 생각하는 멘토는 무엇이냐?!

내가 필요할 때 와서 필요한 것만 알려주고 쓱 가는 사람이다.

얼마나 멋진 사람인가!! 양 손을 엄지 척 세우고 당신을 멘토로 임명한다. 하며 가슴에 멘토 배지를 달아주고 싶다.

그리고 멘토들은 멘토들의 라떼는 어땠는지 물어볼 때 나를 위하거나 토닥여 주는 느낌으로 현실에 대한 분석과 본인의 지난 경험에 빗

대어 방향성을 제시한다. 꼰대의 묻지도 않은 '라떼는 말이다'와는 큰 차이가 있다. 우리가 요청을 했는지 안 했는지의 순서가 그 큰 차이다. 우리가 먼저 물어본다는 것은 그 상사에게 분명 배울 점이 있다고 생각이 든 것이고 그 상사는 평소에 모범을 보였을 것이다.

그렇다면 직장 상사만 이렇게 나누어질까?!
부하 직원은 어떨까?! 요즘 MZ세대들은 솔직하다. 거리낌이 없다. 그러다 보니 부하 직원도 멘토와 꼰대처럼 두 분류로 나뉜다.
내가 리더십 강의를 하면서 '부하 직원은 어떤가요?' 물어봤을 때 에피소드가 기억에 남는데 그것을 각색해서 여러분에게 질문을 던져보겠다.

당신은 부하직원에게 서류를 건네며 검토해 달라고 요청을 했다. 그런데 부하 직원이 보기에 내용은 둘째 치고 오타가 많이 보인다. 여러분이라면 어떻게 이야기할 것인가?

무엇이 정답이라고는 할 수 없다. 하지만 내가 듣고 싶은 말이 있을 것이다. 그 말이 정답이지 않을까 한다. 내가 듣고 싶은 말은 이 말이다.

'서류를 보니 요즘 많은 업무 소화하느라 피곤하신가 봐요!
오타가 많이 보이더라고요! 요즘 많이 힘드시죠?!'

그러나 내가 리더십 강의를 하면서 '부하 직원은 어떤가요?' 물어 봤던 직장상사가 들었던 말은 이 말이었다.

'아니 오타가 왜 이렇게 많으세요? 타자하는 법을 다시 배우시든지 해야겠는데요!

요즘은 배움에는 나이가 없어요!'

물론 자기 딴에는 농담을 섞어서 이야기한 것이라고 생각한다. 그러나 정작 이 말을 들은 직장 상사는 억지웃음을 지었을 것이다.

이렇다 보니 부하 직원뿐만 아니라 직장 상사들도 간접적인 표현들을 많이 쓴다.

만약 직장상사가 아래와 같이 이야기한다면 뭐라고 답변할 것인가?

'오늘 날씨가 우중충한데 참~~'

직장상사가 누군가와 술 한잔 기울이고 싶다는 느낌을 팍팍 받을 것이다.

누군가는 '파전에 막걸리 한잔 하시죠!' 이야기할 수 있겠지만, 누군가는 피하고 싶을 것이다.

실제 강연에서 내가 저 문장을 띄우며 여러분이라면 뭐라고 답하겠느냐고 물어본다. 그때 진짜 잊지 못할 답변이 하나가 있었는데 그 말은 바로 이 답변이었다.

'우리 회사의 미래입니다.'

그 말을 듣는 순간 웃음도 터졌지만 등에 식은땀이 같이 흘렀던 적이 있다.

위에 이야기는 가벼운 이야기지만 서로서로 불편해하는 일이 생기다 보니 간접적인 표현을 하게 된다. 직접 이야기해도 소통이 잘되지 않는데 간접적으로 이야기하면 더욱 소통이 안될 것이다.

여러분은 어떤가? 요즘 직장 내 언어를 살펴보면 속마음과 다른 경우가 많다. 몇 가지를 여러분에게 들려줄 테니 맞춰 보기 바란다.

네! 언제든지 연락 주세요.　　→　　연락 주지 마세요.
담당자가 자리를 비워서　　→　　제 업무가 아니에요.
언제까지 드려야 할까요?　　→　　오늘까지는 아니라고 해 주세요!

그러나 입장을 바꿔서 속마음을 살펴보면 누구나 이기적인 것을 알 수가 있다.

　　　　　　　　　　　　　　우리 얘기 좀 하자

여러분이 누군가에게 '언제까지 주실 수 있나요?'라고 말하는 속뜻은 아이러니 하게도 '지금 주세요!'라는 의미를 가지고 있다.

나는 늦게 주고 싶지만 받을 때는 빨리 받고 싶음 마음을 가지고 있다.

그래서 이렇게 어렵게 에둘러 말하지 말고 직장 내 소통을 하기 위해선 직설적으로 이야기하는 게 어떨까?

물론 상대방을 배려하는 마음에서 말이다.

● 상대방을 배려하는 말투

보통 우리나라는 존댓말이 존재하고 '~요'로 끝나는 것보다 군대처럼 '~다, ~나, ~까'로 끝내는 것은 더 말을 신경 쓰는 느낌이라고 생각한다. 단어가 아닌 한 글자 한 글자를 소중히 여겨 존대하고 그게 아니면 나를 존중하지 않는다는 느낌을 받게 된다. 그처럼 소중하게 존대를 해서인가?

자신보다 나이가 많으면 정중하게 하고 자신보다 어리면 편하게 말하는 것을 넘어 막말하게 되기까지 한다. 존대와 하대가 나이에 따라 극심하게 나누어지는 것 같다.

'○○! 서류 좀 가져와 봐'
'이봐, ○○! 시킨 거 다 했어? 빨리 하라고'

꼭 회사가 아니더라도 상대방이 나보다 어리다고 생각이 들면 말투

우리 얘기 좀 하자

를 바꾸는 사람들도 있다.

'아~ 나보다 어리네~ 편하게 말할게'

미국 가톨릭 대학교의 루이스 패러다이스(I. V. Paradise)는 같은 상담사가 상스러운 말을 사용하는 경우와 고운 말을 사용하는 경우의 비디오를 제작해 사람들에게 보여 주었다. 그리고 그 인상이 어떻게 느꼈는지 물어보았다.

그러자 상스러운 말을 사용하는 경우는 고운 말을 사용하는 경우와 달리 '지적으로 보이지 않는다', '전문가처럼 보이지 않는다' 와 같이 부정적인 인상을 주었다고 한다.

마찬가지다. 상스럽게 말하는 상사의 말을 누가 듣고 싶어 하겠는가?! 아무리 상사가 유능하더라도 그 능력을 모두 없애는 것이 바로 '말'이다.

누구나 정중하게 말하는 사람의 말을 듣고 싶어 한다.

1-2

나의 가장 친한 친구는 왜 내 마음을 모를까?

우리는 정말 세대 간에서 오는 차이 때문에 우리는 소통이 안 되는 걸까?

혹시 같은 세대인 친구들하고는 소통이 되는가?

우리 얘기 좀 하자

나는 강연 때 녹색 소주병 이미지 하나를 떠운다. 그리고 그 이미지를 보고 생각나는 단어를 5개 써 보라고 하면 공통되는 부분도 있지만 다르게 생각하는 부분이 더 많다. '회식', '아이유', '처음처럼', '참이슬' 등등 각양각색이다. 실제로 '회식'이라는 단어를 같이 떠올려도 어떤 이는 회식이 즐겁다고 생각했을 것이고 어떤 이는 '회식'이 싫다고 떠올리기도 한다.

그 이유는 서로의 관심사가 다르고 살아온 방식이 다르기 때문이다.

세대가 달라서 자라 온 환경이 다른 것처럼 같은 세대여도 자라 온 환경이 다르다.

나 또한 같은 세대의 형제가 있음에도 자주 트러블을 겪고 있고 생각하는 관점이 많이 다름을 느낀다. 왜 같은 부모의 밑에서 자랐음에도 불구하고, 이렇게 공통되는 부분이 없어 서로 이해할 수 없음을 느끼는 걸까?

이것은 곰곰이 생각해 볼 필요도 없는 틀림없는 진실을 하나 지니고 있다. 환경이 물론 사람의 성장에 영향을 주고받는 것은 맞는 말이다. 환경이 같은 쌍둥이라도 차이가 날 것이다. 같은 집안에서 태어나면 각 사람마다 지니고 있는 고유의 능력에 따라 차이가 난다.

그것을 가치관이라고 한다. 가치관은 한 명을 이루고 있는 정서이자, 사람의 됨됨이에 따른 인식 능력을 지닌다.

예를 들어보자.

테이블에 놓인 사과 하나를 3명의 사람이 보았을 경우 그 사과가 맛있겠다는 생각을 하는 사람이 있거니와, 누가 가져다 준 거라 생각한 사람도 있을 것이다, 그리고 마지막으로 '이 사과에 독이 있지 않을까?'라는 의문을 지닌 이도 있을 것이다.

예상치 못한 또는 예상한 사물이나 상황, 사람을 직면할 경우 스스로에 관한 판단과 인지 능력은 환경과 세대를 뛰어넘은 가치관이라 생각한다. 그 때문에 같은 부모에 자랐음에도 이렇게 다를 수가 있다는 것이다.

요즘 말로 case by case '케바케'인 것이다.

우리 얘기 좀 하자

즉, 이렇게 한 지붕 안에 사람 또한 많은 차이가 있는데, 한 지붕도 아닌 단지 같은 세대로 어울렸단 이유만으로 그 사람이 나의 모든 것을 이해할 것이라 생각하는 것은 바보 같은 생각이다.

그렇다고 해서 모두와 거리를 두고 어울리라는 말이 아니라, 나의 가치관과 알맞은 사람을 찾고 그 사람을 자신의 능력껏 상대방을 이해하고 서로의 합의점을 찾아 양보하여 어울려라!
이러한 습관과 정신은 사회생활을 하는 데 꼭 필요한 요소라 생각이 된다.

그것도 싫다면 누군가를 만날 준비는 미뤄야 하지 않을까 싶다.
모든 사람이 자신을 편견 없이 좋아하고 어울려 줄 것이라는 판단은 너무 이기적이기 때문이다.
반대로 생각하면 당신은 왜 모두를 차별 없이 대하지 않느냐는 의문을 담긴 말을 스스로에게 건네 보길 바란다.

나의 가장 친한 친구는 다른 요소가 아닌 자신 스스로가 만드는 것이다.

내가 사랑하는 연인은 나의 인연이 아닌가?

하이네켄 광고 中

하이네켄 광고 중 여자들은 드레스룸에서 환호를 지르고 남자들은 하이네켄 맥주룸에서 환호를 지르는 장면을 광고로 쓰기도 했다. 남녀의 관심사가 다르다는 위트 있는 광고였다.

존 그레이 박사의 『화성에서 온 남자 금성에서 온 여자』라는 책을 들어본 적이 있을 것이다. 대학교 시절에 읽은 이 책은 처음 제목을 볼 때 남녀 사이의 에피소드인가 하는 생각을 하였다.

하지만 이 책은 남녀와의 심리차이의 상태를 화성인과 금성인이라는 아예 종이 다른 인물들에 비유하여 제시해 주었다.

이 책의 '화성인'이라 함은 남자로 비유가 되는데, 남자는 효율과 능력 그리고 업적을 중시하며 자신의 능력과 존재를 입증받기 위해 그리고 그 능력을 향상시키기 위해 끊임없이 노력을 한다. 사람들이 사회 속에서 살아가는 것처럼 성취와 성공 속에서 만족을 느끼는 것이다.

그리고 가장 중요한 승부사의 기질을 지니고 있다 승리를 원하며, 패배는 싫어한다. 각자의 예외 없이 승리의 철학은 적용되는 셈이다.

반대로 '금성인'이라 하면 여자로 비유된다. 금성인은 개인 간의 친밀감과 사랑, 평화 대화, 아름다움을 중요시하여 가치를 여기는 성향이 있는데, 서로 관계를 중요시하고 누군가를 보살피거나 키우는 데에 많은 세월을 보낸다. 그리고 화성인과 같이 자신이 생각하는 가치에 따라서 스스로에 만족을 느낀다.

이처럼 각각의 예를 특징으로 삼아 남녀를 구분해 두었는데, 남녀에 대한 심리를 토대로 서로 이해와 존중 의견을 통해 상황에 대한 해결책을 제시한다.

서로의 차이를 배려하여 대화, 한계와 규칙을 정하고 그것을 정하고 책임감을 지니고 실행에 옮기는 등, 조금씩 변화하는 등 많은 방법을 세밀한 행동과 말로 실천을 도와준다.

이 책에서 제시하는 화성인과 금성인의 개념과 정신은 책을 작성할 때와 비교하여 많은 시간이 흘러 최근 들어서는 그 정의는 모호해짐이 있을 것이다.

남녀의 성격과 가치관은 사회 소용돌이 안에서 극적인 변화를 지니었고, 책에서 강조하는 서로의 화합은 남녀 갈등이 최고조에 도달해 국내에서는 찾아볼 수 없게 되었다. 물론 예외도 존재하겠지만, 적어도 눈앞에 닥친 나무를 보면 그렇다.

이를 해결하기 위해선 굳어진 개인적인 사람의 심리상태를 이해해 주는 것이 최우선이겠지만, 말처럼 쉬운 일이 아니다. 그렇다고 해서 우리 모두가 남녀 사이를 개선하고자 하는 의지를 놓아 버리면 안 된다는 말을 하는 것이다.

경제와 사회는 예로부터 국민의 화합은 통해서 이루어졌다. 남녀의 분열은 국민을 반으로 갈라놓는 것과 마찬가지로 경제와 사회는 점차 쇠퇴할 것이라 예상된다.

존그레이 박사는 책을 쓰면서 남녀 사이에 대한 심적 성별의 차이를 전문적이고 세밀하게 잡아 주었지만, 변화하는 세상 속 그 정의의 해석은 독자들의 몫이라 판단된다.

우리 얘기 좀 하자

즉, 우리는 남녀 사이의 차이와 문제를 그냥 개인의 문제로 끝낼 것이 아닌 사회 발전과 경제의 성장과 더불어 국민 사람들의 수준 높은 발전을 영위해야 할 것이다.

어느 날 나의 연인이 내게 와서 회사에서 있었던 안 좋은 이야기를 한다.

내가 듣고 보니 나의 연인이 잘못한 거 같다. 그래서 '너가 잘못했네'라고 이야기한다. 싸운다.

이 루틴 어디서 많이 보지 않았나?

나는 듣고 보니 아닌 거 같아서 아니라고 이야기했는데 '왜?' 화를 내지?

또 하나 이야기해 보자!

나는 강연 때 이런 에피소드도 내놓는다.

어느 날 집에 갔더니 밥 먹던 와이프가 숟가락을 내려놓으며 다음과 같이 말한다면?

'요즘 너무 살이 쪄서 속상해!'

뭐라고 답하겠습니까?

돌아오는 답변은 이런 식이었다.

'그러니까 남은 반찬 먹지 말라니까 미련하게~ 으이그'
'그렇게 먹으니 살이 찌지! 이제 좀 그만 먹어라'
'알고 있으니 다행이네~'

그나마 어떤 분들은 아래와 같이 이야기한다.

'내 눈엔 당신이 예뻐'
'지금도 보기 좋은데 이렇게 이야기를 한다.'

그리고 이분들을 조금이라도 옹호하려 하면 난리가 나는 경우가 있
다. 어떤 분은 나에게 이렇게 말을 했다.

'아니~ 아닌 건 아니라고 이야기하고 맞는 건 맞다고 이야기
하지 않겠습니까? 그냥 예쁘다고 말해서 살 더 찌면 책임지시

겠소?'

그때 난 살짝 당황하기도 했지만 바로 반격을 했다.

'아니! 이혼 도장 찍고 법정에 선 것도 아닌데 잘잘못 따져서 밥
먹는 걸로 이혼하시게요?'

무조건 듣고 옹호해 주는 것이 아니다.

'나는 당신하고 오래 살고 싶어! 나랑 같이 운동하자'
이렇게 예쁘게 답을 해 드려도 되지 않습니까?

내가 생각했을 때는 근사한 답변이라 생각이 들어 이제는 조금 진
정되셨겠지 하고 안심하는 찰나 절대 지지 않고 이야기하신다.

'나는 운동하기 싫은데'

그러자 다른 쪽에서는 아래와 같이 이야기하는 경우도 있었다.

'얼마면 돼? 지방흡입술 하는 데 얼마 주면 돼?'

끊임없는 자존심 대결이 펼쳐진다.

우리 얘기 좀 하자

무작정 사실을 이야기하기보다는 그냥 나의 연인은 자신의 이야기를 들어 달라는 이야기지 않았을까?

직장생활의 고민을 털어놓은 연인의 말에 오버하는 리액션이 남녀 관계에 더 도움이 될 수 있다.

'어떤 놈이야? 가서 때려 줄까?'

1-4

외국인과 소통이 되지 않는 건
단순히 언어 장벽 때문일까?

혹시 화장실을 영어로 뭐라고 하는지 아는가?

Toilet

다들 알고 있을 것이다.

그렇다. 영어를 못해서 외국에 가서 소통이 안 되는 것이 아니다. 깊은 대화를 못 나눌 뿐이지 충분히 소통이 가능할 것이다.

"너는 '아메리칸 마인드'네~" 이런 말을 왜 하는가?

단순히 문화적인 차이뿐만 아니라 서로 생각하는 방식이 다르기 때문이다.

우리 얘기 좀 하자

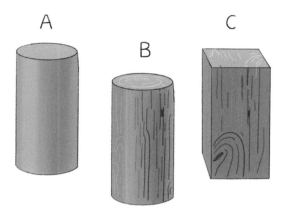

여러분이라면 위 사진 중 두 개를 묶는다면 어떻게 묶을 것인가?

이 실험은 EBS 다큐프라임「동과 서」에 나오는 재미난 질문이다. 다큐에 의하면 동양의 경우는 대부분 B와 C를 엮었고 서양의 경우는 A와 B를 대부분 엮었다. 동양의 경우 B와 C를 엮은 이유는 재질이 같아서이고 서양의 경우 A와 B를 엮은 이유는 모양이 같아서이다.

이 실험 또한 동서양의 차이를 보여 주려고 한 실험이었다. 서양은 보이는 것에 집중하고 동양은 보이지 않지만, 내면의 것을 중요하게 여겼다.

나는 마술사로서 늘 의문을 가지고 있었던 게 있었다. 외국에서 마술을 하면 비유티풀, 원더풀 난리가 난다. 그런데 왜 우리나라에서 마술을 한다면 아래와 같은 반응이 많을까?

'이놈 봐라~~ 아주 걸리기만 해 봐~'

이와 같은 반응으로 끝없이 의심한다. 우리나라에서 마술하기란 왜 이렇게 힘들까 고민을 했다. 왜 마술사의 마술이 끝나자마자 마술사의 손을 잡고 마치 타짜 영화 속 한 장면처럼 '동작 그만, 첫판부터 장난질이냐?' 멘트와 함께 도끼를 들어 보이는 모습처럼 마술사를 매우 무섭게 몰아붙일까?

나는 EBS 다큐프라임 「동과 서」를 보고 나서야 어느 정도 이해를 할 수 있었다. 그것은 마술을 보이는 그대로 믿는 서양과 달리 보이지 않는 트릭에 집중하는 동양의 성격을 닮았기 때문이다.

나는 우연히 이 다큐를 인터넷에서 게시글로 접하게 되었고 흥미를 느껴 EBS 다큐프라임 「동과 서」를 유료 결제하여 통째로 시청하였다. 이렇게 본격적으로 1부-2부를 합쳐 약 1시간 반 정도에 달하는 영상을 보고 나니 새삼 느끼는 점이 많았다.

1부의 제목은 '명사로 세상을 보는 서양인, 동사로 세상을 보는 동양인'이다.

다큐를 보기 전까지는 짐작조차 되지 않았던 이 문장의 뜻이 무엇

우리 얘기 좀 하자

인지 알기 위해서는, 우선 동서양이 오래전부터 세상을 보아 온 관점에 대해 알아야 한다.

서양인이 보는 세상은 각각의 독립된 개체가 모여 단순히 집합을 이루고 있는 공간이고, 동양인이 보는 세상은 개체들이 그물망처럼 촘촘히 엮여 서로에게 영향을 주고받음으로써 연결되어 있는 하나의 거대한 장과 같은 공간이다. 때문에 서양인은 사물을 분리하여 보고, 분석적으로 본다.

반면에 동양인은 각 사물을 연결하여 보며, 각각을 보기보다는 전체를 본다.

출처 - EBS 다큐프라임 「동과 서」

이는 똑같이 웃고 있는 소년의 사진을 보고, 주변인들의 표정이 환한 사진과 주변인들의 표정이 어두운 사진에 대해 각각 '소년이 행복해 보이는가?'라는 질문에 동양인과 서양인이 다르게 대답한 예에서도 뚜렷이 드러난다.

서양인들은 질문의 요지인 '소년'만을 분리해서 보았기 때문에, 소년이 웃고 있다면 소년을 둘러싼 주변인들의 표정이 어떠하든 소년이 행복하다고 보았다.

그와 달리, 동양인들은 소년이 똑같이 웃고 있음에도 불구하고, 소년에게 영향을 주는 주변인들의 표정에 따라 소년의 행복함을 달리 보았다.

즉, 소년이라는 한 개인에만 집중한 것이 아니라, 소년을 둘러싼 주변인들까지 합한 전체에 집중한 것이다.

이러한 관점에 따라, 서양인은 각 개체를 가리키는 명사를 중심으로 세상을 보고, 동양인은 개체와 개체 간의 상호작용을 나타내는 동사를 중심으로 세상을 본다. 예를 들어, 영어에서는 웨이터가 손님에게 차를 더 마시겠냐고 물을 때 "More tea?"라고 묻는다. 명사인 'tea'에 중점을 두고 묻는 것이다.

반면 우리나라에서는 "더 마실래요?" 등의 동사로 질문한다. 이뿐만이 아니라 평소 사용하는 말속에서도 동양인은 동사를, 서양인은 명사를 더 많이 사용해서 말하는 것이 일반적인 현상이라고 한다.

그야말로 명사로 세상을 보는 서양인과 동사로 세상을 보는 동양인인 것이다.

위의 내용을 보고 곰곰이 생각해 보니, 나 역시도 동양에서 나고 자란 동양인이라 그런지 평소 동사를 많이 사용해서 말하는 경향이 있었다.

대부분의 경우 명사를 생략해도 문맥상으로 그 뜻이 짐작할 수 있기 때문에, 동사만으로 뜻이 전하는 경우가 많았던 것이다. 또한, 위 예에서 소년의 사진에 대한 나의 반응도 동양인들이 주로 보이는 반응과 같았다.

소년이 똑같이 웃고 있어도 주변인들의 표정이 좋은 사진에서는 소년이 행복해 보였고, 주변인들의 표정이 나빠지자 소년의 얼굴이 억지웃음으로 보이고 소년이 불행해 보였다. 소년 한 사람의 행복이 자기 개인에 의해서만 결정되는 것이 아니라, 주변인들과의 상호작용에 의해 결정될 것이라는 생각을 나도 모르게 전제로 두었던 것이다.

이렇게 본다면 나 역시도 의식하지 않은 사이에, 1부의 제목처럼 동양인으로서 동사로 세상을 보고 있었던 셈이다. 이는 즉, 각 개인보다는 개인 간의 상호작용을 나타내는 동사로 세상을 보고, 개인보다는 전체를 중시하며, 전체가 개인에게 주는 영향력을 의식하면서 살아가고 있었다는 의미이다.

이렇게 처음 봤을 때는 아리송하기만 했던 '명사로 세상을 보는 서양인, 동사로 세상을 보는 동양인'이라는 말이, 알고 보니 실생활에서 내가 실천하고 있었던 일이란 걸 알게 되어 정말 신기했다. 또한 이렇게나 동서양인의 차이가 정반대로 나타나는구나 하고 놀랍기도 했다.

다음으로, 2부의 제목은 '서양인은 보려 하고 동양인은 되려 한다'이다. 1부에 이어, 제목에서부터 '이건 또 무슨 말일까?'하는 호기심을 가지고 다큐를 시청하였다.

영어로 '보다'는 'see'이다. 또한 영어로 "I see"라고 하면 '이해했다'는 뜻도 된다. 즉, 보는 것이 아는 것이 되는 것이다. 반면 동양철학에서는 예로부터 대상과 내가 하나가 되어 참으로 알게 되는 '물아일체'의 정신을 중시해 왔다.

1부에서 나왔듯이, 서양인들은 각 개체를 분리하여 본다. 그래서 서양인들은 관찰하려는 대상과 '나'를 분리한 뒤에, '나'를 중심으로 세상을 관찰하고 분석한다.

반면에, 동양인들은 예로부터 '물아일체'라 하여 관찰대상과 '나'를 하나로 여기고, 스스로 관찰대상이 되어서 대상을 마음속으로부터 이해하는 앎을 추구한다. 이 때문에 대상을 알기 위하여, 서양인은 대상을 보려 하고, 동양인은 대상이 되려 한다.

이러한 특징은 동양화와 서양화의 차이에서도 찾아볼 수 있다. 서양화의 특징적인 기법으로 원근법이 있는데, 이 원근법을 이용한 서

양화에서는 화가가 철저히 관찰자가 되어 일인칭 시점에서 대상을
바라보며 그린다.

반면에 동양화의 그림은 대상을 보지 않고 그리는 경우가 많다. 육
체의 눈이 아닌 마음의 눈으로, 참되게 대상을 자기 안에 담은 뒤에
마음의 눈으로 보면서 대상을 그려 내는 것이다.

이러한 동양화에서는 높은 곳에서 아래를 내려다보는 조감도의 시
점이 많이 나타난다.

같은 맥락으로, 동양인들은 서양의 일인칭 시점과 달리 이인칭 시
점을 가지고 사고하는 경향이 있다. 예로부터 대상이 되려 했던 동양
인들은, 내가 타인이 되어, 타인의 입장에서 먼저 생각하는 태도가 발
달한 것이다.

예를 들어, 서양의 식문화에서는 스테이크를 통으로 내주기 때문에
먹는 이가 그것을 나이프와 포크로 잘라 먹어야 한다. 반면 동양에서
는 먹는 사람의 입장을 먼저 생각하여, 요리하는 사람이 먹기 편하도
록 알맞은 크기로 음식을 잘라 요리한다. 탕수육과 같이 먹기 좋은 크
기로 잘라져 나오는 음식을, 동양인들은 그저 젓가락으로 집어먹기만
하면 되는 것이다.

이렇듯 동양인과 서양인은 생긴 모습만 다른 것이 아니라, 생각하
는 방식이 근본적으로 달랐다. 서양인의 인사이더 시점에서는 세상
을 자신의 눈으로 관찰하며, 자기 자신이 세상의 중심이 되어 세상을

바라본다.

반면, 동양인들의 아웃사이더 시점에서는 자기 자신마저 배경 일부로 본다. 때문에 서양인들은 내가 세상의 중심이고, 타인의 시선에 크게 신경 쓰지 않는다. 반대로, 동양인들은 타인이 나를 바라보는 시선에 대해 상상하고, 민감하게 반응한다. 이처럼 세상을 보는 관점의 차이가 예로부터 전해져 내려오는 사상·철학에서부터, 현재의 사고방식이나 사소한 삶 일부분까지 고스란히 차이로서 드러난다는 것이 정말 놀라웠다.

평소에 동서양의 차이에 대해 '동양인들은 겸손함이 미덕이고, 서양인들은 자신감 넘치는 모습이 미덕이다.', '동양에서는 웃어른과 눈을 마주치는 것이 결례이지만, 서양에서는 눈을 마주보고 이야기하는 것이 예의이다.' 등등의 흔한 상식 정도로만 인지하고 있었다.

하지만 이 다큐를 보면서, 동서양의 차이는 그렇게 간단하고 단순한 태도의 차이가 아니라는 것을 느꼈다. 사실 내가 동양에서 나고 자란 동양인으로서 당연하게 생각하는 것들을, 서양인들은 그들에게는 너무나 당연하게도 다르게 생각한다는 점이 조금 충격적이었다. 그리고 '이래서 동양인과 서양인이 다르구나. 이런 점에서부터 차이가 나는구나. 생각의 틀 자체가 다르구나.'하고 깨닫게 되었다.

이 다큐를 시청함으로써, 평소 이해하기 힘들었던 서양의 문화나 서양인들에 대해 더 이해할 수 있는 계기가 되었다.

보이는 바와 같이 서양인과의 의사소통의 문제는 언어의 문제뿐만 아닌 타 요인에 의해서도 영향을 받는 걸로 보인다.

　물론 언어가 되어 사람과의 소통을 통한 이해하는 마음가짐은 좋은 발전의 묘책이다.

　하지만, 서양인도 동양인도 각각 개인마다의 성격 차이와 그리고 더불어 문화적 요인이라는 외적 요인을 고려하여 타국에서 온 서양인이라는 사람은 동양인과 틀린 게 아닌 서로가 다름을 인정하고, 무엇보다 누군가와의 의사소통은 이루어짐에 언어의 장벽이라는 1차원적인 것을 보는 것보단 다각적인 측면에서 바라보는 것이 중요하다고 생각한다.

　우리는 지금까지 관점의 차이에 대해서 알아봤다. 그렇다면 서로 다른 관점의 차이를 어떻게 극복할 수 있을지 우리가 사용하는 언어로 알아보자!

PART 2

몸의 언어

2-1

우리의 생각을 지배하는 몸

지하철을 타고 있는데 앉은 내 앞에 서서 출근하는 이 사람의 표정이 좋지 않다는 걸 나는 1초도 안 되서 알 수 있었다.

우리는 제일 기본적인 사람의 찡그린 얼굴을 보면 이 사람이 화가 났다는 것을 알 수 있다. 또한 슬픈 표정을 짓고 있다면 '그 사람은 슬프구나', '안 좋은 일이 있었구나'라는 추측을 할 수 있다.

하지만 반대의 경우로 생각해 본다면 어떨까 내가 이를 악물고 미간을 찡그리고 눈앞의 고점을 응시하고 이런 상태를 10초간 유지를 한다면 말이다. 자기도 모르게 스스로 화가 나게 될 것이다.

몸의 행동과 생각은 연관되는 건지에 따른 답변은 모두가 알고 있듯이 크게 상관관계가 있다.

예전 한 프로그램에서 스트레스가 많은 사회인들의 스트레스를 풀어주기 위해서 방을 파괴하는 콘텐츠로 하여 영업을 하는 업소에 대해서 방송한 것을 본 적이 있다.

여기서는 일반적인 사람들이 한 방에 들어가 소파나 티비 그리고 집안의 벽 등 소품으로 된 공간을 파괴하였다.

그 사람들은 한동안이나 물건을 파괴하고 나와서 하나같이 화난 표정을 하고선 하는 말은 참 신기할 만하다. '매우 시원하다. 스트레스가 다 풀렸다. 자주 이용하고 싶다.'라는 말이었다.

왜 이러한 결과 도출이 되는지는 예상을 할 것이다.

몸은 파괴라는 행위를 통해서 스트레스를 지닌 마음을 풀었다는 것이다.

이처럼 우리는 하나의 동작 행위를 통해서 마음을 어느 정도 컨트롤 할 수 있다는 점이다.

사람들이 운동을 하는 이유도, 몸 건강에 이유를 지니곤 있겠지만, 어느 정도 생각을 정화하고 정리하는 데 큰 일조를 한다는 점도 잊어선 안 된다.

더 나아가 행동은 나의 삶에 큰 결과를 만들어 낸다.

하나의 몸의 행동에 따라서 내가 원하는 결과를 만들어 낼 수 있으며, 좋지 않은 결과를 도출해 낼 수 있다. 모두가 좋은 결과를 원하지만, 모두가 좋은 결과로만 만들어 낼 수는 없다.

우린 행동이 우리 개인의 영향을 끼칠 뿐만이 아닌 타인에 감정에도 영향을 끼칠 수도 있다는 점에 대해 항시 주의를 지니고 판단하고 행동해야 할 것이다.

상대방의 몸 언어를 읽는 법

한 일례로 소개팅을 나갔을 때 여성분의 기분에 대해 알 수 있는 하나의 프로그램이 있었다.

바로 다리의 방향을 두고 하는 실험이었는데, 여성은 본능적으로 갈 방향을 다리의 방향으로 인지해 주고 있었다. 다리를 상대방 쪽으로 꼬는 경우 이는 긍정적인 신호이며, 화장실이나, 출입구 쪽으로 꼬고 있다면 이는 바로 나가기 위한 여성의 심리를 나타낸다는 것이었다. 이처럼 상대방의 심리를 도출해 내는 행동 중 의자에 등을 기댄 행동, 어깨를 으쓱하는 행동 등 행동 패턴에 대한 언어를 알 수 있다.

인간은 늘 말하고 또 말한다. 하루, 단 한 시간, 심지어 일분일초도 말을 하지 않고는 세상을 살 수 없을 것만 같다. 언어는 인간의 의사소통 중 가장 대표적인 수단 중 하나다. 하지만 언어만이 의사소통의 모든 것일까?

현대무용이나 발레 공연을 보면 무용수들이 표현하는 감정들이 그대로 전달되는 느낌을 경험하게 된다. 단 한마디 말도 하지 않는데, 머릿속에는 직접적으로 이야기를 속삭여 주는 것 같다. 인간은 일상생활 속에서 언어 이외의 커뮤니케이션을 통해 더 많은 정보를 전하고, 공유하며, 이해하며 살고 있는 셈이다.

이런 '언어' 이외의 커뮤니케이션을 '넌버벌 커뮤니케이션(Non-verbal Communication)', 비언어적 의사소통이라 부른다.

넌버벌 커뮤니케이션이란 몸짓, 자세, 시선, 눈빛, 표정, 제스처, 분위기, 의상 등과 같이 언어 외 수단을 이용한 모든 소통 행위를 의미한다. 인간의 커뮤니케이션에서 언어적Verbal 요소가 차지하는 것은

30%이고, 나머지 70%는 비언어적Non-verbal 요소가 차지한다. 미국의 정신병리학자인 쟈겐 루이스는 자신의 저서『비언어적 커뮤니케이션』에서 다음과 같이 쓰고 있다.

"인간은 언어 이외의 기호를 대략 70만 개나 사용하여 의사소통을 하고 있다."

우리나라의 대표적인 넌버벌 공연으로 '난타', '드로잉쇼' 등이 있다. 나 또한 해외 공연을 나가기 위해 언어의 장벽을 이기고자 넌버벌 퍼포먼스를 만들어 본 적이 있다. 생각보다 어렵지 않게 공연을 만들 수가 있었다. 물론 말로 하면 더 편하게 풀어낼 수 있는 것들이 있었다. 하지만 그 부분들 또한 언어 없이 넌버벌로 풀어냈다. 그만큼 인간이 몸으로 표현해 낼 수 있는 게 많다는 걸 알게 되었다.

사람에게 가장 어려운 일이 뭘까? 아마도 그것은 사람의 마음을 읽는 일일 것이다. 왜? 사람의 마음이라는 것이 눈에 보이지도, 들리지도, 만져지지도 않는 무형이기 때문이다. 또 한편으로는 사람의 마음처럼 속이기도, 착각하게 만들기 쉬운 것도 없다. 왜? 마찬가지로 마음은 무형이기 때문이다.

그래서 인류의 역사에서 황금을 갈망했던 연금술만큼, 사람의 마음을 읽는 독심술에 대한 갈망도 컸다. 그러나 사람의 마음은 그렇게 쉽게 읽을 수 있는 것이 아니다. 좋은 쪽이든 나쁜 쪽이든 사람의 마음이 읽혀서는 안 된 상황이 있고, 그 반대의 상황도 무수히 많다. 그래

우리 얘기 좀 하자

서 상상 속에서라도 사람의 마음을 읽을 수 있는 일은 즐겁다.

하지만 다행인지, 불행인지 사람의 마음을 100% 읽는 능력은 현대의 과학으로서는 불가능하다.

그러다 보니 마술사로서 많이 받는 질문 중 하나가 상대방의 마음을 읽는 마술을 알려 달라는 것이다. 마술사는 상대방이 생각한 카드도 맞추고 생각한 단어도 맞추는데 나도 그 비법을 알려 달라고 이야기를 한다. 물론 상대방이 생각한 카드나 단어를 맞추는 트릭을 알려줄 수는 있다. 그러나 그것으로 상대방의 마음을 읽는 것은 불가능하다.

하지만 상대방을 유심히 살펴보면 사람의 마음을 알아챌 수 있는 힌트는 얻을 수 있다. 우리는 일상생활에서 오직 언어만 가지고 의사소통을 하지 않는다. 몸짓, 손짓, 시선, 표정 등 '맥락과 상황에 입각한 감각 센스' 즉, 넌버벌 커뮤니케이션으로 의사소통을 한다. 오히려 언어로 전달하기 어려운 의미를, 이런 제스처나 신호로 좀 더 빠르고 손쉽게 전달하는 경우가 많다.

넌버벌 커뮤니케이션을 잘 관찰해 보면 상대방의 심리를 읽어낼 수 있는 무수히 많은 정보들이 존재한다. 즉 무의식적 마음과 넌버벌 커뮤니케이션 사이에는 강한 관련성이 있어, 무엇을 의미하는가를 파악하면 감추어진 마음 무의식을 이해할 필요가 있다.

우리가 가까운 일상 속에서 볼 수 있는 몸의 언어는 무엇이 있을까?

첫째, 눈 깜빡이는 속도

사람들은 갑작스러운 압박을 받으면 눈 깜빡임이 빨라진다. 마찬가지로 거짓말을 하는 사람은 자기도 모르게 눈 깜빡임이 빨라진다. 마음의 안정을 찾으면 눈 깜빡이는 속도도 느려진다. 재미있게도 영국에서는 대화 중 눈을 깜빡이는 것이 "이야기를 재미있게 듣고 있다"라는 의미라고 한다.

둘째, 시선을 피하는 행동

대화에서 빠지고 싶은 욕구를 아래를 내려다보는 행동으로 드러내는 경우가 종종 있다. 대화가 원만하게 진행되지 않을 때 대화를 중단시키기 위해 이런 행동을 취한다.

셋째, 눈을 좌우로 빠르게 움직이는 행동

얼굴은 고정된 채 눈만 움직이는 행동은 도피반응이다. 재빨리 움직이는 눈은 달아날 곳이나 도움이 될 만한 것을 찾고 있다는 신호로 그 자리에서 벗어나고 싶은 심정을 드러낸다. 때론 긴장이나 불편함 등을 무심코 드러내는 것일 수도 있다.

넷째, 실눈뜨기

불만이나 우월감을 표시하는 신호로, 어떤 사람들은 무언가를 열중

우리 얘기 좀 하자

했을 때 실눈을 뜨기도 한다. 따라서 집중력의 결과인지 불만에 찬 모습인지 구분할 필요가 있다.

다섯째, 코를 만지작거리는 행동

코를 만지작거리는 사람은 거짓말을 하고 있다는 말이 있다. '피노키오 효과'라고 불리는 이런 현상은 스트레스를 받는 어떤 상황에서든 일어날 수 있다. 갑작스럽게 불안해지면 혈압이 상승하는데, 그때 코를 포함한 연한 조직이 팽창되고 피부가 따끔따끔한다. 그래서 사람들은 무의식중에 자꾸 코를 만지거나 긁적이게 되는 것이다.

이 외로 무언가를 곰곰이 생각할 때 턱을 괴는 것과 대화 중에 집중하기 위해 무의식적으로 팔짱을 끼는 것, 거짓말을 할 때 코를 긁는다든지 등 몸의 언어는 우리 일상 속에 가볍게 볼 수 있다.

● 상대방을 읽는 동전 마술

나는 상대방에게 동전 하나를 준다. 그 뒤 내가 보이지 않게 등에서 오른손 또는 왼손에 숨겨서 양손을 앞으로 내밀라고 한다. 난 양손을 가볍게 잡고 상대방 눈을 바라보며 '당신이 동전을 숨긴 곳은~'이라는 말과 함께 오른손을 쳐다본다.

그때 상대방이 '뭔가 들켰다'라는 표정과 행동을 보이는 분이 있다. 그리고 난 확신을 가지고 마지막 멘트까지 한다. '오른쪽이군요!'

그러면 상대방은 자신의 속마음을 들켰다고 놀라하며 오른손에 동전을 펴서 보여 준다. 이는 책의 말미에 나오는 콜드리딩과 관련이 있다. 콜드리딩에 관련한 자세한 이야기는 책의 말미에서 더 언급하도록 하겠다.

우리 얘기 좀 하자

2-3

자신감을 높이는 파워 포즈 효과

면접, 시험, 소개팅 등 긴장된 순간들이 있다. 그럴 땐 허리와 어깨를 펴고 당당한 자세를 취하면 자신감이 솟아서 성취를 높여 준다는 게 바로 '파워 포즈(POWER POSE)' 이론이다.

하버드대에서 강의하던 심리학자 에이미 커디는 2010년 '파워 포즈 이론'을 발표하며 유명해졌다. 자신감 있는 자세가 호르몬 변화를 일으킨다는 내용의 실험 결과였다.

실험내용은 이렇다. 피실험자들을 두 그룹으로 나눠 한 그룹은 몸을 크게 펼치고 양팔을 뻗는 등 힘 있는 '파워 포즈'를 취하게 했다. 또다른 그룹은 몸을 움츠리는 작고 힘없는 포즈를 취했다.

커디에 따르면, 2분간 포즈를 취한 결과는 놀라웠다. 파워 포즈 자세를 취하게 한 것뿐이었는데, 실험에 참여한 사람들의 기분과 행동은 달라졌다.

파워 포즈를 위한 사람들은 오늘은 뭔가 되는 기분이 들어서 무엇이든지 도전하는 것에 망설임 없이 기분 좋게 도전하고, 성취했다.

파워 포즈를 취한 그룹의 호르몬변화를 측정한 결과 테스토스테론 호르몬이 20% 증가했고, 코티졸 호르몬은 25% 감소했다.

테스토스테론 호르몬은 남성호르몬으로 피부나 근육, 뼈 기능을 유지시키고, 빈혈을 예방하며 기억력을 높이는 데 도움을 준다.

남자의 성적 매력을 높여 주고, 사고력과 경쟁심을 향상시켜 준다.

또한 파워 포즈를 취한 그룹은 호르몬도 긍정적인 방향으로 변하여 자신감이 충만해지는 효과를 보였다.

하지만, 몸을 움츠리는 포즈는 그 반대 효과를 나타냈다.

힘이 빠진 상태의 자세로 '로우 파워 포즈'라 한다.

생활을 하면서 우울하거나 걱정, 근심, 불안, 초조할 때의 자세를 취하는 것이 로우 파워 포즈이다.

로우 파워 포즈를 취한 그룹의 호르몬 변화를 측정한 결과 테스토스테론 호르몬이 10% 감소했고, 코티졸 호르몬은 15% 증가했다.

로우 파워 자세를 취하면 자신감이 줄어들고 코티졸 호르몬은 콩팥의 부신피질에서 분비되는 스트레스 호르몬으로, 면역시스템을 저하한다.

코티졸 호르몬의 혈중 농도가 증가되면 몸에 지방이 축적되고, 만성피로, 만성두통, 불면증 등의 증상이 나타난다.

또한 근조직도 손상시키고 뇌세포도 파괴한다.

과도한 스트레스 상태는 코티졸 호르몬 농도를 증가시켜 신체를 빠르게 망가지게 한다.

이후 에이미 커디는 2012년 'TED' 강연에서 이 이론을 소개하며 세계적인 이목을 끌었다.

'2013년 세계를 바꾸는 50인의 여성' 중 한 명으로 선정되기도 했다.

하지만 '파워 포즈'에 대한 반론이 서서히 제기되기도 했다.

2016년 공동연구자였던 다나 카니는 이 연구가 사실이 아니라고 밝히며 실험 결과를 부인했다.

그는 커디와 한 실험에 대해 "결론에 맞추기 위해 데이터들을 선별적으로 골라냈다"고 주장했다. 이외에도 여러 과학자들이 '파워 포즈'는 과학적 근거가 없다고 반박하고 있다.

하지만 하버드를 떠난 뒤에도 커디는 여전히 '파워 포즈' 효과를 주장하고 있다. '파워 포즈' 효과에 대한 갑론을박은 아직도 이어지고 있다.

이처럼 갑론을박이 펼쳐지지만 나는 '파워 포즈' 효과에 매우 긍정적이다. 내가 그 효과를 느끼고 있기 때문이다. 마술공연 무대에서 의심 많은 한국인들보다 더 큰 기를 보여 줘야 하기에 무대에 오르기 전에 주먹을 꼭 쥐고 속으로 되새긴다.

'오늘 내 마술에 다들 뻑 갈 거야~ 내가 바로 최형배'

분명 비언어적 행동은 자기 자신이 어떻게 생각하는지, 어떤 느낌이 드는지 결정한다. 즉 우리의 몸은 마음을 바꾸고, 우리 마음은 행동을 바꾼다.

또한 행동은 결과를 바꾼다는 것을 나는 살면서 무수히 겪고 있고 느끼고 있다.

혹시 중요한 프레젠테이션이나 면접을 앞두고 있거나 자신을 자신감 있게 변화시키고 싶다면, 지금부터라도 어깨를 피고 자신감 있는 파워 포즈를 해 보는 게 어떨까.

우리 얘기 좀 하자

PART 3

얼굴의 언어

3-1

웃으라는 말, 과연 뻔한 말일까?

파워 포즈를 취해 보았는가? 조금은 더 나은 자신을 발견하지 않았는가.

이전 글에서 파워 포즈에 대한 엄청난 숨겨진 힘은 우리의 내일과 더 나아가 삶의 변화가 생길 충분한 여력이 있는 것을 발견했다.

그렇다면 여기서 끝일까? 아니다. 포즈를 취한다고 해서 나 자신을 어느 정도 컨트롤 할 수 있지만 상대방에게 나의 의견과 자신감을 표현하기에는 약간 모호하다.

우리는 파워 포즈를 취한 것만으로, 끝나지 않고 더 나아가 나의 삶에 정진을 해 보는 것에 초점을 맞출 필요가 있다.

첫 번째 스텝 파워 포즈를 보여 줬다면 두 번째 스텝은 미소를 지어 보는 것이다.

우리 얘기 좀 하자

미소는 여러 힘을 지니고 있다는 것을 알고 있을 것이다.

특히, 현대사회에서 미소는 다양한 의미로 점점 더 중요해지고 있다.

그 예로 사내에 동기의 성과가 저조하여 팀 내에서 대해 좋지 않은 분위기가 있었는데, 때문에 하루 종일 우중충한 분위기가 있었다. 그럼에도 다음 날 그 동기는 웃는 얼굴로 회사를 출근하였다. 오히려 동기가 더욱 밝게 지내니 팀 내에서 하나의 지나가는 사건으로만 넘어가고 나중에 들어 보니 오히려 웃는 얼굴로 자기들을 대하니 "그 얼굴에 좋지 않은 일을 꼬리 물기에는 양심이 찔리더라" 하였다.

옛말에 '웃는 얼굴에 침도 못 뱉는다'라는 속담이 있다.

이는 말 그대로 웃는 얼굴은 아무리 화가 나도 안 좋은 일이 있어도 봐줄 수 있으며 뭐라고 하지 못하는 뜻이다.

그만큼 상대방의 심리에 영향을 끼칠 만한 힘을 지니고 있다.

미소는 대인관계에서도 미소는 훌륭한 무기가 되며, 큰 장점이 된다.

이는 상대방에게 좋은 인상과 호감을 주는 가장 기본적인 방법으로 미소를 띤 얼굴은 상대방의 심리 또한 기분 좋게 변화를 시킬 수 있다.

웃음은 여러 장점이 있다. 첫째로 수명 연장에 도움을 주며, 면역력 증진, 다이어트에 도움, 소화기능의 향상, 우울증 감소, 폐활량 증가, 통증 경감, 혈압을 낮춰 심혈관계 위험 감소, 안 쓰던 근육을 사용하여 혈액 순환에 도움이 된다고 한다.

더불어 자신의 심리변화를 더욱 크게 변화시킬 수 있는데, 파워 포즈와 더불어 미소의 힘을 이용한다면 더욱 자신감 있는 나를 발견할 것이다.

나에게 좋지 않은 일이 있더라도 또는 자신을 위해서라도 크게 한 번 미소를 지어 보자.

● 아침 화장실에서의 내 모습

　나는 아침에 일어났을 때 이를 닦다 무심코 나의 모습을 보고 괜찮은데 하고 턱에 손을 가져다 댄 적이 있다. 아마 남성의 대부분은 한 번쯤은 거울 속에 비친 자신의 모습에 '이 정도면 괜찮은데?' 생각한 적이 있을 것이다.

　그리고 심한 경우는 거울에 주먹을 멋지게 내밀어 본다. 거울 속의 나와 실제의 나는 주먹이 맞붙는다. 마치 애니메이션의 한 장면처럼~

　그런 날은 하루를 파이팅하며 시작하게 된다. 거울 속에 비친 내 모습을 보면서도 기분이 좋아지는데 웃는 사람이 함께하면 기분이 얼마나 좋을까?

3-2

웃는 얼굴의 종류,
나에게 맞는 표정을 찾아라

웃음에 대해 알아보면서 웃음은 단지 긍정적인 요소만 지닌 것이 아니다.

웃음은 긍정적인 의미와 부정적인 의미를 지니고 있다. 웃음에 종류를 간단하게 알아보자. 대표적으로 웃음은 세 가지로 나누어진다.

첫째, 진실의 웃음
- 뺨의 근육이 눈꼬리 근처까지 올라가 자연스럽게 입술의 끝과 눈꼬리가 가까워짐
- 눈의 옆에 있는 안륜근이 움직이고, 눈꼬리에 주름이 잡힘
- 양쪽 어깨를 흔들며 웃는 등 몸 전체로 표현되고, 표정은 좌우 대칭

둘째, 만들어 낸 웃음
- 뺨의 근육이 다소 움직이지만, 눈꼬리까지는 올라가지 않고 입꼬

리도 올라가지 않음

- 눈꼬리에 주름이 잡히지 않고, 입만이 웃는 얼굴을 만들고 있음
- 움직임도 목부터 위만 움직이고, 몸 전체는 그다지 움직이지 않음
- 일하는 장소 등에서 의례적으로 떠오르는 웃는 얼굴 대다수가 여기에 해당

셋째, 경멸의 웃음

- 표정 근육의 절반이 움직이기 쉬워지므로 한쪽 입꼬리만 올라가는 등 표정 좌우 비대칭이 되기 쉬움
- 동시에 몸도 좌우 비대칭으로 움직이기 쉬움
- 한쪽 어깨만 올라가거나 다리를 꼬거나 오른쪽 눈썹만 올라가는 것도 같은 작용

이처럼 다양한 웃음의 종류가 있다. 보면 알겠지만, 부정적인 웃음은 남을 배려하지 않는 웃음으로 긍정적인 웃음은 약이 되지만, 부정적인 웃음은 되려 독이 된다는 것을 알고 있어야 한다.

진실의 웃음과 거짓의 웃음이 있다고 하지만 언제나 '진실의 웃음'만 있을 수는 없는 법이다. 예를 들어 비즈니스 자리에서는 언제나 양쪽 어깨를 흔들면서 환하게 웃을 수는 없는 일이다. 그래서 '만들어 낸 웃음'도 회사에서 혹은 비즈니스 현장에서 서로의 관계를 원만하게 하기 위해서는 빼놓을 수 없는 웃음이다.

웃음도 연습이 필요하다. 얼굴에 근육이 만들어져야 좀 더 자연스

러운 웃음이 나오게 된다. 거울을 보며 나의 웃음을 연습할 필요가 있다. 나에게 맞는 표정은 어떤 표정일까?

가장 중요한 것은 상황에 따라 적절하게 표현하는 것도 스스로에 대한 능력이라 생각한다.

3 - 3

목소리도 나의 얼굴이다

앞서 언급한 자신감 있는 포즈와 아닌 포즈, 웃는 얼굴 또는 개성에 따른 표정은 스스로의 이미지를 자신 또는 남에게 표출하는 데 대표적인 중요 요소일 것이다.

여기에 하나 더 나의 특징을 나타내는 중요하며 기본적인 요소가 존재하는 이는 목소리이다.

목소리 또한 개개인의 개성을 나타내는 것이기 때문이다.

우리는 뉴스나 라디오 또는 유튜브 같은 영상물을 보면서 시각적인 것뿐만 아니라 청각적인 것도 많이 의존하며 정보를 전달을 받는다.

코로나19로 갑자기 공연이 모두 사라지고 힘든 시기가 있었다. 너무 힘들고 스트레스를 많이 받아 너무 우울한 나날이었다.

그러던 중, 드라마 「이태원 클라쓰」의 OST 「시작」이라는 가호의 곡을 들었다.

힘든 시기를 보내고 있는 나에게 '할 수 있어', '해낼 수 있어'라는 응원의 목소리로 들렸다. 나의 우울했던 감정을 지나간 하루로 떠나보낼 정도로 무거운 마음을 가볍게 쓸어 담아 주었다.

이 노래를 들은 이후 오늘 기분에 대한 위로를 받은 듯하였고, 새롭게 시작할 다시 한번의 용기를 얻은 듯하였다.

목소리라는 것은 신비한 힘을 지니고 있다.

목소리는 정보의 명확성과 더불어 듣는 사람의 기분을 결정하기도 한다.

아나운서들이 그 예로 좋은 목소리들을 직업의 큰 강점을 지니고 있으며, 사람들에게 각각의 사건 이슈를 전달하는 데도 목소리에 따른 전달법이 다르다.

하지만 그 전달법은 목소리를 기반으로 하여 스스로의 개성을 나타내기도 한다.

사람의 얼굴이 각각 미세하게 다르듯이 목소리도 사람마다 미세하게 다르다는 것이다.

더불어 나의 행동이 목소리에 영향을 미치기도 한다. 누군가와 전화를 하는 데 있어서 목소리만 들릴 것이라고 생각하고 널브러진 자세로 침대에 누워 심드렁한 표정을 짓고 있다면 수화기 너머의 상대는 지금 당신이 어떤 모습으로 전화 통화를 하고 있는지 바로 눈치를 챌 것이다.

몸이 떨어져 있기에 전화를 하는 것인데 '전화 한 통화'를 대수롭지 않게 여긴다면 몸뿐만 아니라 상대방과 마음의 거리 또한 멀어질 것이다.

내면의 다양성은 외적의 다양성과 같이 긍정성과 부정성을 각각 나타내며, 컨트롤하기에 다르다 이를 잘 사용한다면 자세와 표정과 더불어 자신의 발전에 큰 긍정의 영향을 줄 것이다.

나는 경상도 출신이다. 마술사를 꿈꾸고 서울로 올라왔다. 그리고 꿈에 그리던 첫 무대를 하는데 오프닝 마술을 멋있게 하고 첫 마디를 여는데 사람들이 막 웃는 것이었다. 나는 순간 어리둥절했다. 무대를 마치고 내려오니 선배들은 아래와 같이 이야기했다.

'너 사투리 쓰는 거 사람들이 좋아하네! 사투리 쓰는 걸 캐릭터로 해!'

나는 사투리를 캐릭터로 했을까? 아니었다. 왠지 모를 수치심도 있었지만 내가 원하는 캐릭터는 그게 아니었다. 그래서 녹음기로 내 목소리와 말투를 몇 번이나 들어가며 고치려고 노력했고 지금은 사람들이 내 목소리가 멋있다고 이야기를 한다.

지금의 목소리는 처음 서울에 왔을 때와 달리 나의 또 다른 자신감이 되어 주었다.

3-4

거짓말을 낚아채는 법

'나는 마술사이지만 거짓말을 잘하지 못하는 타입이다.'

이 말을 들으면 나의 직업을 알고 있는 사람들이면 대다수가 손사래를 친다. 위의 말조차도 거짓말로 듣는 것이다.

하지만 나는 무대 위에서 마술을 할 때 말고는 거짓말을 잘 하지 않는다. 거짓말을 하면, 얼굴에서 티가 나기 때문이다. 이를 잘 들키는 사람으로서 거짓말을 하여 어차피 들킬 만한 좋지 않는 부정적인 요인이 많은데 굳이 거짓말을 할 이유가 없다고 생각하기 때문이다.

이처럼 생각은 표정으로 제일 먼저 나타난다.

자신의 얼굴을 본 신경은 이를 그 순간의 감정으로 이해하기 때문이다. 그만큼 시각적인 요소는 몸과 뇌에 영향을 끼침을 알 수 있다.

그렇다면 우리의 감정은 이러한 감정이 단순히 마음이라는 것과 직결되는 것일까….

매일 우리는 감정의 변화를 겪는다.

기뻐서 웃는 것, 우는 것, 화를 내는 것 등 모두 마음의 변화와 자극에 의해 생기는 감정의 표출, 즉 마음의 산물이다.

내가 진행하는 심리 마술 중에 동전을 쥐어 주고 오른손, 왼손에 어느 손에 있는지 맞추는 마술도 있지만 여러 사람을 무대 위로 불러서 작은 공 하나를 누군가의 손에 숨기게 하고 그것을 맞추는 마술을 진행하는 것이 있다. 이때는 상대방의 진실을 향한 몸짓이 아닌 상대방이 거짓말을 해도 된다고 이야기하고 그 거짓말 하는 패턴을 보고 공을 가지고 있는 사람을 맞춰 내는 마술을 한다. 수많은 패턴이 있지만 일상생활에서 상대방의 거짓말을 낚아채는 대표적인 방법 몇 개만 알아보자!

첫째, 눈이나 입을 가리는지 보기

거짓말을 하는 사람들은 자연스럽게 얼굴을 숨기고 싶어 하기 때문에 대화를 하는 동안 눈을 마주치지 못한다. 상대가 눈을 마주치지 않기 위해 손으로 자꾸만 눈을 가리거나 입가에 손을 가져다 대진 않는지 살핀다. 이런 행동들이 거짓말의 신호가 되기도 한다.

눈이나 입을 완전히 가리지 않을 수도 있다. 예를 들어, 얼굴 옆에 손을 갖다 대면서 한쪽 눈만 가리거나 손으로 입술을 만지면서 입을 살짝 가릴 수도 있다는 것이다.

둘째, 입술을 자주 깨무는지 보기

거짓을 말하고 있는 사람은 자기도 모르게 입에 자꾸 신경을 쓰고 긴장하게 되기 때문에 무의식적으로 입술을 다물거나 아랫입술을 깨물게 된다. 누군가가 거짓말을 하고 있는 것 같다면 그 사람의 입술을 잘 살피자.

거짓말을 하는 사람은 이야기를 듣거나 하는 동안 입술을 자꾸 물어뜯곤 할 것이다.

셋째, 콧구멍이 커지는지 보기

거짓말을 하는 사람은 미세하게 콧구멍을 벌렁거리기도 한다. 거짓말이 들킬까 봐 겁이 나서 나도 모르게 방어적인 태도가 되기 때문이다. 상대방이 말을 할 때 콧구멍이 커지진 않는지 잘 살핀다.

"무슨 일이었다고? 다시 한번 말해 줘." 또는 "네가 안 했으면 누가 그런 건데?"와 같은 질문을 하면서 상대의 콧구멍을 잘 관찰하자.

단, 사람이 분노나 공포를 느낄 때도 콧구멍이 커질 수 있다.

넷째, 덥지 않은데도 땀 흘리는지 보기

거짓말을 하는 사람은 긴장감 때문에 땀을 흘리기도 한다. 상대의 머리나 입 주변, 겨드랑이 부근에서 땀이 나고 있진 않은지 살펴보자. 혹시 높은 온도 때문에 땀을 흘리는 것은 아닌지도 잘 확인한다.

특히, 이마 근처, 헤어라인 쪽이 땀을 확인하기 가장 쉬운 곳이다. 하지만, 날이 덥다면 기온 때문에 땀을 흘리는 것일 수도 있으니 이런 때는 다른 신호들을 살펴보자.

마지막 다섯 번째, 머리카락이나 수염을 자꾸 만지는지 보기

상대가 거짓말을 하고 있는 것 같다면, 손가락으로 머리카락을 꼬거나 머리나 수염을 자꾸 만지진 않는지 잘 살펴보자.

손가락으로 머리카락을 뱅뱅 돌리거나 머리 끝 부분을 땋기도 한다.

수염이 난 사람은 수염을 쓸거나 수염 끝을 만지기도 한다.

이 행동을 얼마나 자주 하는지도 살펴야 하는데, 거짓말을 하는 사람은 아마 대화 내내 반복할 것이다.

위와 같은 거짓말을 낚아채는 다양하고 재미난 방법들이 있지만, 아이 컨택만으로 거짓말을 가려내려고 해선 안 된다. 눈을 제대로 마주치지 못한다는 사실이 거짓말의 증거가 될 수는 없다는 연구 결과도 있다.

진실을 말하고 있음에도 거짓말을 할 때의 특징을 나타내는 사람들도 있음을 명심하자. 평소 그 사람의 말과 행동이 익숙한 가까운 사이라면, 거짓말을 가려내기가 더 쉽다.

내 직감을 믿자. 거짓말을 가려내는 데 도움이 될 것이다.

우리 얘기 좀 하자

● 멀티플 임플리케이션

거짓말을 하는 사람에게 효과적인 방법으로 멀티플 임플리케이션 기법이 있다.

이는 말하지 않아도 다 알고 있다는 느낌을 줌으로써 스스로 본심을 드러나게 하는 방법이다. 이 기술의 핵심은 다 알고 있는 듯한 미묘한 분위기를 조성하는 것이다.

예컨대, 남자친구가 다른 여자를 만나고 있는 것 같다면 지나가는 말투로 이렇게 물을 것이다.

"주말에 재미난 일이라도 있었어?"

그러면 대부분 두 가지 반응을 보인다. 아무 문제없는 사람들의 경우 "아니. 그냥 그랬지, 뭐 넌 어땠는데?"라며 아무렇지 않게 대답하는 반면, 조금이라도 찔리는 게 있는 사람들은 "어, 왜?"라는 방어적인 자세를 취한다.

'왜 갑자기 저런 걸 묻지?'라며 무의식중에 상대의 의도를 파악하려고 하기 때문이다.

심한 경우 얼굴빛이 바뀌는 사람도 있다.

눈치가 빠른 사람들은 이야기의 화제를 갑자기 바꾸기도 한다.

멀티플 임플리케이션 기법의 핵심은 말하지 않아도 이미 다 알고 있다는 분위기를 조성하는 것이다. 그러면서도 뭔가 정확히 콕 집어서 이야기하지 않아야 한다. 그래야만 조바심을 느낀 상대로부터 진심을 끌어낼 수 있다.

PART 4

진짜 언어

4-1

옳은 말과 필요한 말의 차이

두 명의 의사가 있다. 당신은 암에 걸린 환자라고 가정을 해 보자!

첫 번째 의사는 환자분 암입니다. 길어야 3개월입니다. 마음의 준비

하세요!

라고 딱딱하게 말하는 의사!

우리 얘기 좀 하자

두 번째 의사는 환자분 암입니다. 하지만, 너무 상심하지 마세요! 현대 의학은 계속해서 발전하고 있고 환자분도 규칙적인 생활을 하며 건강하게 지내세요! 저도 더 좋은 방법을 찾아보겠습니다.

라고 부드럽게 말하는 의사!!

여러분은 어느 의사에게 진료를 받고 싶은가?

내가 강연을 다니면서 이 질문을 하면 대다수가 두 번째 의사를 선택한다.

한 가지 예시를 더 들어 보자! 대학 시절 나의 선배하고 밥을 먹고 있었다. 선배는 밥 먹고 있는 나에게 '형배야, 너 그렇게 밥 먹다가는 살쪄서 일찍 죽을 것 같아'라고 말하는 선배에게 당연히 화가 나지 않겠는가!!

자! 밥 많이 먹으면 살찌는 것도 사실이다. 살 찐 사람이 성인병에 걸려 죽을 확률도 높은 것도 사실이다. 하지만, 사실만을 이야기했다고 해서 선배가 좋아 보일 수 있을까?!

바로 멱살을 안 잡은 게 다행이지.

이러한 예시들로 어떠한 선택이 옳다 옳지 않다라는 판단을 하는 듯이 정답은 정해져 있지 않다고 생각한다.

사람마다의 가치관과 개개인이 믿는 신념이 다르기 때문이다.

적어도 이러한 판단은 나에게 적용할 경우 이러한 생각을 지닐 것이라는 가정을 해 봄으로써, 자신에게 맞는 옳고 그름을 따지면 되는 것이다.

중요한 것은 상대방을 배려하는 마음에서 이야기하고 있냐는 것이다.

4 - 2

상황 해석에 따른 행동의 차이,
프레임의 법칙

다음은 선배 마술사가 한강 유람선에서 공연할 때 이야기다.

테이블을 두고 앉는 좌석이었고 모두가 선배의 마술공연을 볼 때 뒤쪽 한 테이블에서는 남자 세 명이서 공연을 하든 말든 자기들끼리 이야기를 하고 있었다.

선배는 속으로 앞에서 공연을 하는데 어쩜 저렇게 자기들끼리 이야기를 할까? 그 사람들이 너무 매너가 없다고 생각했다.

그리고 유람선 공연은 무대 공연을 마치고 테이블마다 카드와 동전 등 작은 소도구로 마술을 하며 돌아다닌다. 당연히 남자 세 명이 있는 테이블엔 가기가 싫었다. 그러나 고객이기에 다가섰다. 그리고 선배님은 그 테이블에 서자마자 자신의 생각을 후회하기 시작했다.

남자 한 명이 장님이었던 것이었다. 선배 마술사는 후회하며 잠시만 기다려 달라고 하고 종이 한 장을 가지고 왔다. 그리고 촉각이 예민했던 시각장애인분에게 자신의 양손을 꼭 잡아 달라고 이야기를 했다.

그리고 자신이 가지고 온 것이 뭔지 물어보았다. 그 시각장애인 손님은 '종이군요!'라고 답했고 선배는 제 손을 절대 놓지 말라고 했다. 그리고 그 종이를 지폐로 바꾸었더니 그 시각장애인분도 매우 놀랐다고 한다. 당연히 마술을 눈 뜨고 지켜본 분들도 신기했을 수밖에….

이처럼 상대방을 프레임을 씌워 보면 한 부분밖에 볼 수가 없다. 그리고 잘못된 생각과 판단을 하고 상대방에게 나쁜 말이 나오기도 할 것이다. 그래서 상대방을 넓은 시각에서 보는 방법이 필요하다.

여러분이 부모라고 가정을 해 보자. 나의 아이가 학교에서 성적이 떨어져서 왔다면 어떻게 행동을 하겠는가?! 내 주변의 경우를 보면 무작정 아이를 나무라는 경우가 많다. 그리고 너는 너네 아빠 닮아서 공부를 이 모양 이 꼴로 한다는 식의 핀잔을 주기도 한다. 성적이 떨어지면 공부를 안 하는 아이로만 생각하기 때문일 것이다. 하지만 아이가 학교에서 안 좋은 일이 있지는 않을까 다른 고민이 있지는 않을까 생각을 해 보자! 정말 그런 상황 때문에 성적이 떨어질 수도 있지 않은가?

공부를 안 해서가 아닌 그 고민을 해결한다면 성적이 다시 오르지 않겠는가!

우리 얘기 좀 하자

4 - 3

긍정을 부르는 긍정, 피그말리온 효과

피그말리온 효과를 알고 있는가. 이는 긍정적인 기대나 관심이 사람에게 좋은 영향을 미치는 효과를 말한다. 일이 잘 풀릴 것으로 기대하면 잘 풀리고, 안 풀릴 것으로 기대하면 안 풀리는 경우를 모두 포괄하는 자기충족적 예언(self-fulfilling prophecy)과 같은 말이다.

1968년 하버드의 교수 로젠탈(Robert Rosenthal)은 미국의 초등학교 학생들을 대상으로 피그말리온 효과에 대해 실험을 했다.
특정 아이들에게 똑똑하다고 교사에게 알려 주고, 8개월 후 지능지수를 측정한 실험이었다.

무작위로 뽑은 특정 아이들에게 교사의 기대와 격려를 불어넣고 학생들은 이에 부응하기 위해 노력을 했다. 다시 지능검사를 실시하자, 해당 특정 학생들만 실제로 성적이 향상된 것이다.

명단에 오른 학생들에 대한 교사의 기대와 격려가 학생의 성적 향상에 실제로 영향을 미친다는 사실을 증명했다.

기대 격려   →   기대에 부응하려 노력   →   실제로 그렇게 됨

또한, 말에 있어서도 똑같은 말을 하더라도 긍정적으로 들리는 표현과 부정적으로 들리는 표현이 있다.

뚱뚱한 이에게 '돼지 같다'는 부정적인 표현보다는 '믿음직스럽다'는 긍정적인 표현을 쓰거나 돈 안 쓰는 이에게 '구두쇠'라는 표현보다는 '절약가'라는 말을 쓰는 것이 듣는 이로 하여금 더욱 기분이 덜 나쁘게 들릴 것이다.

긍정적인 언어가 긍정적인 반응을 이끌어 낼 것이다.

여자친구와 데이트 할 때 '오늘은 밖이 더우니까 그냥 집에 있자!'라고 말하는 것은 나가기 싫으니까 집에 있자는 표현으로 들린다. 그러나 똑같은 제안을 하더라도 '햇볕이 강해서 너의 하얀 피부가 타면 안 되니까 오늘은 집에서 영화 보며 데이트하자'라고 말한다면 여자친구도 순순히 받아들이지 않을까?

나는 실제로 이 긍정적인 표현이 빛을 발하는 경험을 막내 시절에 경험

한 적이 있다. 나의 스승님의 공연에 나와 나의 선배 마술사는 스탭으로 따라갔다. 하지만, 공연에서 쓸 중요한 마술도구를 우리는 두고 왔다. 어떻게 해야 할지 몰라 망설이고 있는데 선배 마술사가 잠시만 내가 이야기해 볼게 하더니 스승님께 다가가는 것이다. 그리고 이렇게 말을 했다.

'스승님 오늘 공연에서는 (두고 온 마술도구를 활용한) 마술보다는 (다행히 다른 마술도구가 있었던) 이 마술을 하는 게 더 분위기가 좋을 것 같습니다.'

그랬더니 결과는 너무 좋았다. 스승님께서 단번에 '그렇게 하자'라고 말씀을 하셨다.

혼날까 봐 노심초사했던 마음은 선배님의 놀라운 긍정적인 언변 덕분에 안심하고 공연을 잘 마무리 할 수가 있었다.

우리는 늘 새로운 일에 도전한다. 또는 늘 익숙한 일을 다시 해도 여전히 낯설고 힘든 상황이 반복될 수 있다. 그러한 상황마다 걱정과 두려움은 누구에게나 있다. 기대에 부응할 격려 말하기로 지지를 해주자. "넌 할 수 있다, 넌 원하는 것을 얻을 수 있다"와 같은 말 한마디는 피그말리온 효과를 가져온다. 나 자신에 의한 응원의 말하기일 수도 있고, 다른 사람에 의한 것일 수도 있다. 말의 힘을 우리 모두가 잘 알고 있다. 생각만이 아니라 목소리를 내어 주자. "우리 모두 이겨 낼 수 있다"고. 피그말리온 효과를 기대하면서.

소통의 고수가 되는 법 (호응하는 법)

소통의 고수는 어떻게 될까?! 무술의 비기처럼 존재할까?! 내가 말한 고수는 판소리꾼 옆에서 북치며 호응하는 사람이다.

우리 얘기 좀 하자

상대방과의 긍정적인 관계와 호감을 지니기 위해선 상대방의 말에 잘 호응을 해야 한다.

호응을 해 주는 방법엔 여러 가지가 있다. 커플의 상황이라면 여자친구의 끝말만 따라 해도 남자친구가 내 이야기에 귀를 기울여 주고 있다는 느낌을 받게 된다.

> **여자친구 :** 나 어제 저녁에 친구를 만났잖아~
> **남자친구 :** 어~ 만났잖아~
> **여자친구 :** 같이 새로 생긴 파스타집 갔는데 너무 맛있더라~
> **남자친구 :** 오!! 맛있더라~

이렇게 앵무새처럼 무작정 따라 하면 여자친구는 더욱 화가 날 것이다.

> **여자친구 :** 나 어제 저녁에 친구를 만났잖아~
> **남자친구 :** 어~ 만났는데~
> **여자친구 :** 같이 새로 생긴 파스타집 갔는데 너무 맛있더라~
> **남자친구 :** 오~ 정말? 그러면 다음에 나도 같이 가자!!

이렇게 호응을 해 주는 것이다. 이런 호응은 다른 관계에 있어서도 비슷하다. 그러나 내가 너무 내성적이라면 방법을 달리 할 필요가 있다. 내성적인 사람이 적극적으로 호응을 하기엔 오히려 어색해 보일 수도 있기 때문이다. 그럴 땐 상대방의 말에 미소를 지으며 고개를 가볍게 끄덕이는 것으로도 상대방의 말에 귀 기울이고 있다는 의사표현이 될 것이다.

  상대방의 말에 호응만 잘해도 어느 순간 당신은 소통의 고수가 되어 있을 것이다.

4-5

경청의 힘

우리는 입보다는 귀를 더 열어야 한다는 말은 다들 한 번씩은 들어 봤을 것이다. 하지만 입보다 귀를 더 여는 것은 쉽지가 않다. 상대가 말을 하면 내 입이 근질거리거나 지루한 경우가 매우 많기 때문이다. 경청은 정말 어려운 일이지만 우리는 그 어려운 일을 해내야만 한다.

경청이라는 것은 사적이든 공적이든 모든 관계의 정립과 발전에서 가장 기본적인 요소이다. 경청의 힘은 이해와 발전을 위한 모든 단체의 구성원들에게도 요구되는 기본적인 요소이며, 조직을 이끌어가는 리더들에게도 리더십의 핵심적 요소로 작용하는 능력이라고 할 수 있다.

경청의 기원은 솔로몬의 이야기를 빼먹을 수 없다. 유명한 솔로몬의 지혜에 관한 이야기를 하다 보면 솔로몬은 하나님께서 지혜를 구했다고 생각하는 경우가 많이 있지만 솔로몬이 하나님께 달라고 기도 하였던 것은 '경청의 힘'으로 알 수 있었다. 경청은 배움을 가능하게도 하지만 대상에 관한 현실 인식의 힘을 비롯하여 문제파악의 능력을 지닐 수도 있게 한다.

즉, 인생을 살아가는 지혜와 관계 형성의 지혜 등의 지혜를 가질 기회를 제공받을 수 있게 된다는 것이다. 다시 말해 경청은 모든 인간관계의 핵심적 요소로 작용할 수 있는 중요한 힘이다.

요즘처럼 메마르고 경직된 사회에서 잘 들어주는 사람, 잘 듣는 사람이 주변에 있다면 여러 가지 면에서 안정적인 삶이 될 것이다.

스스로의 입장에서도 답답한 마음을 누군가에게 마음껏 털어 놓기만 해도 정신적/감정적 많이 도움을 받을 수 있다. 이야기를 잘 들어주는 친구가 좋고, 그렇게 이야기를 할 수 있는 술자리를 가지며 스트레스가 풀린다는 말을 하는 이유가 아마 그럴 것이다.

신뢰를 근간으로 시작되고 발전되는 관계는 경청을 통해 많은 가능성을 가진 관계로 성장하게 될 것이며 놀라운 치유의 힘을 제공할 것이다.

오늘부터 귀를 열고 상대방의 이야기를 주의 깊게 들어보는 것이 어떨까?

놀라운 변화를 받아들이게 될 것이다.

● 여러분도 할 수 있는 경청의 마술!

　나는 실제로 강연에서 사람들에게 인체의 신비와 관련된 마술을 한 가지 알려 준다고 하고 귀 아래를 양손 검지로 열 번 찌르게 한 다음에 귀를 막아 보라고 한다. 그리고 내 목소리가 들리는지 물어 본다. 그러면 모두가 목소리가 들린다고 대답을 한다.

　이번에는 청중들에게 입을 벌린 채로 위의 상황을 반복시켜 본다. 입을 벌린 채로 귀 아래를 양손 검지로 열 번 찌르게 하고 귀를 막아 보라고 한다. 그리고 내 목소리가 들리는지 물어 보면 모두가 내 목소리가 안 들린다고 놀라 한다.

　정말 말로만 들으면 신기한 상황이지 않은가?! 사실 이 트릭은 정말 간단했다. 두 번째 입을 벌린 채로 할 경우에 나는 말을 하지 않고 입만 뻥긋거렸던 것이다. 이 이야기를 하면 사람들은 웃겨서 발을 동동 구른다.

그때 내가 청중들에게 이야기한다. 우리가 귀를 막으면 상대방이 무엇을 하는지 알 수 없습니다. 그렇기에 소통을 하고자 한다면 귀를 활짝 열어야 합니다. 이 이야기를 하면 관객들에게 박수가 쏟아져 나왔다.

우리 얘기 좀 하자

4 - 6

유머를 장착해라

내가 강연에서 그냥 경청하세요! 소통을 하려면 듣는 게 제일 중요합니다. 이렇게 사실만 가지고 이야기만 했다면 모두가 공감하고 박수를 쳤을까? 아닐 것이다. 내 강연이 인기가 많은 이유 중 하나가 유머를 장착하고 청중들과 소통하기 때문이다.

패션 센스가 너무 과한 남자친구에게 '지금보다 더 멋있어지지 않아도 되잖아?'라고 이야기한다면 과학 패션이 심플하게 바뀔 수도 있다.

이는 굉장히 반어적 표현으로 들릴 수 있지만, 이를 유머스럽게 순화한다면, 상대방에게도 듣기 거북한 말은 아닐 것이다.

웃음과 함께 장착하여 유머스러운 표현은 분위기 전환과 더불어 사람들에게 굉장히 이목을 끌 수 있는 사람으로도 인식 변화의 기회일 수도 있는 것이다.

너무 사람이 진지하기만 하면 밋밋한 사람으로 기억될 것이며 확실한 각인과 더불어 유머적인 표현은 굳어 있는 분위기를 한순간에 역전시킬 수 있는 언어이다.

유머러스한 적절한 표현은 대인관계나 나라는 캐릭터의 개성을 돋보이게 하는 데 빼놓을 수 없는 언어이기 때문이다.

실제로 나와 친한 형은 연애와는 거리가 아주 먼 사람이다. 소개팅을 하든 미팅을 하든 누구와 만나도 일상적인 질문과 답변만 하기에 일쑤다. 나는 이때 제일 먼저 조언하는 것이 재미있게 이야기해요! 관계라는 게 꼭 진지하지만 않아도 되잖아요! 편하게 형을 볼 수 있는 사이로 만들어서 자주 보세요! 자주 보기만 하면 지인으로 남으니 기회를 봐서 형의 매력을 어필하세요!

이렇게 늘 이야기를 한다. 하지만 평소에 재미와 거리와 먼 사람이다 보니 쉽게 유머를 장착하기란 매우 어렵다.

그래서 늘 웃음 기반으로 언어 유희적인 표현을 평소에 찾아 나가보는 노력을 해야만 한다. 그리고 그 유머를 자연스럽게 할 수 있는 시도도 또한 많이 해 봐야 할 것이다.

처음엔 어색하고 아재개그로 끝날 수 있겠지만 그런 시련에 위축되지만 않는다면 여러분을 더욱 유머러스한 사람으로 만들어 줄 것이다.

지금까지 우리는 소통의 수단인 언어에 대해 알아봤다. 지금부터는 나를 조금 더 매력적으로 보이게 하는 방법을 알아보자!

PART 5

끌리는 사람은 이렇다

5-1

우리의 첫인상은 끝까지 간다

마술사하면 떠오르는 이미지는 검정색 턱시도를 입은 이미지일 것
이다. 마술사는 왜 깔끔하게 턱시도를 차려입을까?! 바로 신뢰감을
주기 위해서다. 마술사는 기본적으로 불가능한 현상을 보여 주는 사

람이기에 사람들이 그것을 믿게 만들기 위해 신뢰감 있게 더욱 차려 입고 공연을 했다.

첫인상이 얼마나 영향이 클까.

실제로 면접의 합불 여부는 첫인상에 따라 3초면 결정된다고 한다.

고등학교 학창시절 대학 면접과 아르바이트 면접, 그리고 취업전선에 뛰어들기까지 여러 면접을 경험해 본 나로서 면접관이 중요시하는 요소는 아마 다양한 사항이 들어갈 것이다.

업무를 진행할 수 있는 여부의 스펙과 더불어 외모, 목소리, 분위기 등 있다.

첫인상이 면접에서 굉장히 큰 비중을 차지한다는 것은 이미 잡코리아 인사담당자 351명의 설문조사 결과 57.1%로 실적인 결과이다.

즉, 나라는 사람의 이미지 메이킹은 첫인상으로 결정이 된다.

첫인상은 소통의 시작이다. 직접 만나 이야기하는 면대면 커뮤니케이션에서 뿐만 아니라, 인스타나 페이스북과 같은 SNS(Social Net-working Service)를 통해 만난 상대에 대해서도 첫인상을 형성하고, 이것이 추후의 소통에 영향을 주기 때문이다.

'인상(impression)'이란 어떤 사람이나 사물에 대해 총체적으로 요약된 평가를 말한다. 첫인상은 일단 형성되면 쉽게 바뀌지 않는다. 동일한 정보 세트라도 먼저 제시된 정보가 더 큰 힘을 발휘하는 것을 '초두효과(primacy effect)'라 하는데(Anderson, 1965), 첫인상의 효과도 이 초두효과의 한 사례라 할 수 있다.

  한 실험에서, 30문제 중 전반부 15문제를 맞춘 학생들이 후반부 15문제를 맞춘 학생들보다 더 똑똑할 것이라는 인상이 형성되었다. 더욱이 앞에 학생들은 30문제 중 20문제를 맞췄을 것으로 추론한 반면, 뒤에 학생들은 12문제를 맞췄을 것으로 추론하여, 전반부의 성과가 전체적인 평가에 큰 영향을 준다는 사실이 밝혀졌다.
  스포츠 경기에서도 마찬가지다. 단순히 추론에서 그치는 것이 아니라 '상승세'가 팀의 사기에 영향을 미치고 좋은 경기 결과를 이끌어 내기도 한다.

  이와 유사하게, 교사들에게 학생들의 성적을 보고 능력을 판단하게 했을 때, 교사들은 첫 시험을 잘 치르고 기말시험을 잘못 치른 학생을 그 반대의 경우보다 더 좋게 평가하는 경향이 있다. 이 교사들에게는 첫 시험이 학생들에 대한 첫인상 형성에 기반이 된 것이고, 기말시험 결과는 그 첫인상에 따라 달리 해석된 것이다.

  좀 더 구체적으로 추론해 보면, 첫 시험을 잘 본 학생에 대해서는 '똑똑한' 학생이라는 첫인상을 갖게 되는데, 이 학생이 기말시험을 못 보면 '집에 무슨 일이 있나?' 하고 생각하며 '능력 있는' 학생인데 외부의 어떤 원인 때문에 기말시험을 못 보았을 것이라고 생각하기 쉽다.

우리 얘기 좀 하자

반면에, 첫 시험을 못 본 학생에 대해서는 '그저 그런' 학생이라는 첫 인상을 갖게 되는데, 이 학생이 기말시험을 잘 보면 '커닝한 건 아닐까?' 하고 생각할 수도 있다. 그 이유는 첫 시험으로 형성된 첫인상이 별로 좋지 않아 그것이 다음 행동의 평가에까지 영향을 주기 때문이다.

처음 들어오는 정보는 머릿속에 아무것도 없는 상태에서 들어오기 때문에 액면 그대로 받아들여져서 매우 큰 영향을 준다. 그런데 이후에 들어오는 정보는 이미 들어와 있는 정보에 비추어 일관성 있게 해석하려는 경향이 있기 때문에, 처음에 잘한다고 생각했던 학생이 못하면 '무슨 일일까?' 걱정하고, 처음에 못한다고 생각했던 학생이 잘하면 '웬일이지?' 하고 의심하는 것이다.

첫인상이 큰 영향을 주며 잘 바뀌지 않는 현상의 이면에는 사람들이 머릿속에서 '일관성(consistency)'을 유지하려 하는 심리적 압력이 내재해 있다(Abelson et al., 1968). 원래 좋게 생각했던 사람은 좋은 행동을 하는 것이 일관성에 맞고, 원래 좋지 않게 생각했던 사람은 좋지 않은 행동을 하는 것이 일관성에 맞기 때문에, 원래 좋게 여겼던 사람이 좋지 않은 행동을 하면 '그럴 만한 이유가 있겠지'하고 너그러이 평가하는 반면, 원래 좋지 않게 여겼던 사람이 좋은 행동을 하면 '무슨 꿍꿍이속이 있을까?' 하고 의심하게 된다.

이 일관성 원리는 우리가 모르는 사이에 우리의 많은 사고 과정을 지배하고 있다.

심리학자 애시는 간단한 실험을 했다.

A, B 두 집단에게 한사람의 사진과 함께 간단한 정보를 주고 그를 평가하게 했다.

두 집단이 있다.

A집단

똑똑하다 → 근면하다 → 즉흥적이다 → 비판적이다 → 고집이 세다 → 시기심이 많다

B집단

시기심이 많다 → 고집이 세다 → 비판적이다 → 즉흥적이다 → 근면하다 → 똑똑하다

어느 집단이 더 호감이 있었을까?

위 실험은 순서만 다를 뿐 두 집단 모두에게 같은 정보를 줬다. 그러나 결과는 긍정적인 내용을 먼저 들은 A집단이 그렇지 않은 B집단에 비해 그 사람을 훨씬 더 호감 있게 평가했다.

이처럼 우리는 첫인상은 큰 중요성을 나타내기 때문에 중요성에 대한 비중을 지니며 항상 인지하고 있어야 할 것이다.

상대방에게 익숙해져라

파리의 에펠탑은 파리를 대표하는 건축물이자 세계적인 관광명소이다. 하지만 에펠탑도 처음엔 파리 시민들이 반대했다.

당시 파리 시민들은 이 기이하고 빨간 탑을 좋아하지 않았다.

고풍스러운 고딕 건물로 이루어진 파리에 무게 7천 톤, 높이 320미터나 되는 철골 구조물은 천박하다고 여겼기 때문이다.

에펠탑이 처음 세워질 당시에는, 프랑스의 정치가들과 유명한 학자들, 비평가들의 극렬한 반대와 비판이 있었다.

모파상을 비롯한 프랑스 작가들은 탄원서를 제출하기도 했다.

에펠탑을 가리켜 "유령의 꿈", "볼트로 조인 창백한 금속 기둥"이라며 신랄하게 비판했다.

1887년 2월 14일에는 일간지 「르 탕(Le temps)」에 작가 에밀 졸라, 작곡가 샤를 구노, 건축가 샤를 가르니에를 비롯한 46인의 예술인들이 서명한 에펠탑 반대 서한이 발표되기도 했다.

레온 블로이는 "진정으로 비극적인 가로등"이라 혹평했고, 폴 베를랑은 "뼈만 남은 종탑"이라 폄하했으며, 프랑소아 코피는 "불완전하고 혼란스럽고 추한 강철 운동기구 탑"이라고까지 혹평했다.

시인 모파상은 "사이클롭스의 거대한 기념비를 세울 듯한 볼썽사나운 뼈대 위에 공장 굴뚝같이 우스꽝스럽게, 가늘게 사라진다"라고 에펠탑을 깎아내리는 시를 썼고, 호리스-칼 히스만은 "짓다 만 공장 굴뚝, 벽돌을 기다리는 잔해, 깔때기 모양의 석쇠, 구멍으로 가득 찬 좌약"이라고까지 비아냥거렸다.

하지만 건축 이후 에펠탑에 대한 여론은 달라졌다. 딱딱하고 차가

운 철로 만들어진 미려한 곡선은 완성된 후에 많은 사람을 감탄시켰다. 비난일색이던 예술가들도 칭찬하기 시작했다.

이후 많은 예술가가 에펠탑을 소재로 한 작품을 만들거나 에펠탑 광장에서 예술 활동을 했다.

이러한 에펠탑의 건설과정을 지켜본 파리 시민들의 심리를 가리키는 심리학 용어가 바로 에펠탑 효과이다.

처음에는 싫어하거나 무관심했지만, 점점 노출도가 높아지면서 좋아하게 되는 심리 효과를 일컫는 말이다.

이는 에펠탑이 파리 중심에 있었기 때문에 가능했다. 파리 시민들은 이 높은 탑이 건설되는 과정을 매일 지켜본 셈이다.

파리 시민이라면 에펠탑이 눈에 들어오지 않을 수가 없었던 것이다.

즉, 이는 익숙해지니 관광명소가 되었다.

단지 사물에만 익숙함이 묻어 나오는 것은 아니다.

대만에서 있었던 일로 남자는 멀리 떨어져 있는 여자친구에게 열심히 2년 동안 400통의 러브레터를 썼다. 그러나 이 여성은 편지를 쓴 남자가 아닌 우체부와 결혼한 에피소드가 있었다.

여자는 멀리 있는 남자친구보다 남자친구의 편지로 하여금 우체부과 지속적인 접촉을 하였고, 2년이란 시간 동안의 사람은 변화했고 새로운 익숙함에 묻어나기 시작한 것이다.

사람 또한 익숙함의 변화가 일어날 수 있다는 것을 깨달았다.

우리 얘기 좀 하자

5-3

낯선 이에게서 내 향기가 느껴진다

미국 심리학자 타냐 차트란드 Tanya Chartrand은 '상대의 호감도를 측정'에 관한 연구를 발표했다.

실험 방법은 두 사람씩 짝을 지어 상대방의 몸짓과 표정을 따라 하도록 지시한 그룹과 아무것도 지시하지 않는 그룹을 설정했다.

15분 뒤에 두 그룹 상대방에게 각각 호감도를 묻는 실험이었다.

실험 결과, 상대방의 몸짓과 표정을 따라 따라한 그룹은 73% 호감도를 보였지만, 아무것도 상대방을 따라 않은 그룹은 65% 호감도를 보였다.

UCLA 맨슨 교수팀은 대화할 때 말하는 속도가 서로 비슷해지면 협조 가능성이 커진다는 결과가 나왔다.

스탠퍼드대학교의 퍼날드 교수팀은 아이들이 엄마가 자신의 말투를 따라 하는 것을 좋아한다는 사실을 밝혔다.

결과적으로 이미 어릴 적부터 인간의 대뇌 신경 시스템은 타인의 의도가 반영된 행동을 잘 관찰하여 마치 자신도 그 말이나 행동을 하는 것처럼 느끼기 위해 반응하게 되어 있다.

이것은 '거울 뉴런 Mirror Neuron'이라 하고 대뇌 영역 3곳, 즉 전두엽 전운동피질 아래쪽과 두정엽 아래쪽, 측두엽, 뇌섬엽 앞쪽에 있어 서로의 신호를 주고받으며 정보를 처리해 지각한 행동의 의미를 파악하고 있다.

쉽게 말해 우리는 어릴 적부터 '거울 뉴런'을 통해 다양한 모방 활동, 즉 '따라 하기'를 해 왔고, 또한 반응해 왔다.

그래서 좋아하는 사람의 모습을 미러링 하는 습관이 있고 이성적인 매력이 끌리는 사람에게 미러링 하는 모습을 보인다는 것이다.

미러링에도 몇 가지 단계가 있다.

첫째, 행동 미러링

상대가 커피 잔을 잡으면 나도 몇 초 뒤에 커피 잔을 잡는다. 상대가 머리카락을 만지면 나도 몇 초 뒤 머리카락을 만진다.

둘째. 목소리 미러링

상대방의 목소리 톤과 비슷하게 말하는 것이다. 상대가 신나게 말하면 나도 신나게 대답을 하고 상대가 슬프게 이야기하면 나도 슬픈

우리 얘기 좀 하자

톤으로 상대방과 동일한 감정이라는 것을 표현하는 것이다.

상대방은 나와 동일시되는 감정을 느낀다면 상대방도 나를 따라할 것이다. 내가 상대방의 말에 동조를 하며 호흡을 멈추면 상대방 또한 호흡을 멈추게 되는 것을 볼 수가 있을 것이다.

"맞아~ 내가 말하던 게 그거야~" 말하며 상대방을 처다보며 놀란 표정을 지으면 상대방 또한 "오~" 입을 틀어막으며 호흡을 같이 멈추며 나의 흐름과 동조되는 식의 모습을 확인한다면 당신은 상대방과 완벽하게 미러링을 하고 있는 것이다.

사람에 대한 익숙함은 나아가 스스로가 익숙함을 느끼는 사람과 비슷한 느낌을 받고 싶어 하여 동일시하는 본능을 지니고 있다.

미러링 효과를 앞서 봄으로써, 나와 같은 사람에 즉, 자신의 모습을 미러링 하는 타인의 모습에 이끌림으로 나의 자아는 영향을 받는다.
이러한 사람은 나를 편안하게 해 주는 경향이 있다.
편안한 목소리, 편안한 말투, 편안한 눈빛이다.
내가 그 누군가한테 기댈 수 있게 하여 안식처가 되어 준다.
무의식적으로 끌리는 사람에게 나의 고민과 생각을 공유하고, 기대고 싶어 하는 게 본능이다.

그렇다면 더욱 완벽하게 상대방과 미러링을 해 보자! 사람들마다 주로 사용하는 감각을 활용해 미러링을 하는 것이다. 상대방의 주요 감각을 파악한 후에 그 사람의 감각에 해당하는 말을 하는 것이다.

실제로 한 실험이 있었다.

그룹 A는 같은 감각을 같은 사람들끼리 모였고 그룹 B는 다른 감각을 가진 사람들끼리 모여 있게 했다. 그 결과 그룹 B(다른 감각)는 시간이 지나도 서로 서먹한 반면, 그룹 A(같은 감각)는 금방 친구처럼 친해졌다고 한다.

그럼 상대방이 어떤 감각인지 우리는 어떻게 알 수 있을까?
사람은 크게 3가지 감각적인 사람으로 분류할 수 있다.

1) 시각적인 사람
2) 청각적인 사람
3) 촉각적인 사람

우리 얘기 좀 하자

이 분류를 하는 방법은 아래와 같다.

1. 시각적인 사람	2. 청각적인 사람	3. 촉각적인 사람
~처럼 보인다	~를 들어 봐	~같은 느낌이 든다
~살펴보도록 하자	~를 말해 준다	~가 흥미롭다
~를 상상해 보자	~처럼 들린다	~차갑다, ~따뜻하다

그리고 그 사람에 맞는 감각적인 말을 사용해라. 상대가 청각적인데 자꾸 상상해 보라고 하고 그림이나 사진을 계속 보여 주는 것은 좋지 않다. 차라리 어떤 스토리를 들려주고 음악에 대해 이야기하는 것이 더 효과적일 것이다.

5-4

관심을 공유해라

앞서 미러링에 대해서 이야기했다. 그러나 이 미러링의 경우 자칫 잘못하면 똑같이 따라만 하는 원숭이가 될 수도 있다. 상대방의 행동을 무작정 따라하는 것이 아니라 상대방의 취미, 학교, 종교, 의견 등 관심 있어 하는 것을 함께 공유하는 것도 하나의 방법이다.

관심이 있어 하는 것을 공유하면 서로에 대한 친밀도가 높아진다. 무언가 함께한다는 것은 그것에 대해 할 이야기도 생기고 공감대도 형성이 된다.

공원에서 강아지를 산책하는 여성에게 자연스럽게 말을 건다.

"강아지가 너무 예뻐요~ 수컷이에요?"

"네~ 감사합니다."

"저도 똑같은 푸들을 키우고 있는데 암컷이에요~ 이제 두 살이 되었어요.”

“아 정말요? 제 댕댕이도 두 살인데.”

고객처에 미팅을 갔는데 한쪽 편에 세워진 골프채를 발견한 후의
대화를 한다.

“이번 주는 비가 안 와야 할 텐데….”

“비는 왜요?”

“주말에 라운딩 가기로 했는데 일기예보에서 비가 올 수도 있
다고 해서요~”

“아 마술사님도 골프 좋아하세요? 저도 골프 좋아하는데 같이
라운딩 한번 가요~”

이처럼 같은 관심사가 있다면 그 분위기를 더욱 쉽게 풀어갈 수가 있다.

우리는 부부가 사이좋은 경우가 쉽지 않다고 한다. 하지만 사이가 좋은 부부일수록 같은 취미 생활을 가지고 있는 모습을 볼 수가 있다.

좋아하는 취미든, 최근에 간 여행지든, 좋아하는 음식이든 비슷한 무언가를 찾아내는 것만으로도 상대방과 더 가까운 느낌이 든다.

여러분도 그렇지 않은가? 그런데 단순한 취미나 여행지가 아닌 같은 학교 출신이라면 더 이상 말을 할 필요가 있을까?

5 - 5

끌리는 사람은 편안한 눈빛을 만든다

상대방과 교감하기 위해선 상대방의 눈을 쳐다보세요!

이것은 너무 뻔한 이야기이다. 하지만 상대방의 눈을 자연스럽고 편안하게 바라보는 일은 쉽지가 않다. 왠지 상대방의 눈을 빤히 쳐다봄으로써 둘 사이의 보이지 않는 어색한 벽이 생기는 경우가 적지 않다.

이것은 대부분 자신감 없는 모습을 감추려고 필사적으로 노력한다는 것이 오히려 눈빛에 긴장감으로 나타나 상대를 불편하게 만드는 꼴이 되고 만다. 그러다 보니 상대방과 눈을 제대로 맞추지 못하는 경우가 많다.

그러면 어느 강연자는 이렇게 이야기한다.

'그럴 땐 코 언저리를 보세요', '눈과 눈 사이를 보세요'

사실 이렇게 상대방을 쳐다보면 내가 멍하니 딴 생각을 한다는 느낌을 상대방이 받게 되어 있다.

그래서 내가 책에서 본 내용을 바탕으로 강의 때 쓰는 방법을 소개하도록 하겠다.

인간에게는 '의식 방향'과 '무의식 방향'이라는 것이 있습니다. 어떤 사람은 몸 오른쪽이 의식의 방향이고 왼쪽은 무의식 방향입니다. 물론 이와 반대인 경우도 있습니다.

격투기에서 상대가 무의식 방향에서 주먹을 날리면 방어를 하거나 피하는 데 시간이 걸리게 되어 있습니다. 그래서 격투기에서 이기려면 상대방의 무의식 방향을 찾아내 공격을 하는 것이 유리합니다. 예를 들면 왼쪽 하이킥에 자신 있는 선수가 오른쪽이 무의식 방향인 상대와 시합하면 KO승을 할 수 있는 확률이 아주 높아집니다. 무의식 방향은 반응이 둔하고 의식 방향은 빠르기 때문입니다.

우리는 겉모습으로 무의식의 방향을 찾을 수도 있습니다. 예를 들면 가방을 어깨에 멜 때 보통은 무의식 방향으로 메는 경우가 많았습니다. 하지만 가르마는 의식 방향으로 타는 경우가 많죠. 그래서 오른쪽 이마를 드러내 놓는 사람은 왼쪽이 무의식 방향이라고 할 수 있습니다.

사람의 눈 깜빡임으로도 무의식 방향을 찾을 수가 있는데 그것은 미세하게 눈을 깜빡이는 속도가 오른쪽과 왼쪽이 다르기 때문입니다.

이제 여러분들은 서로를 마주 보시고 무의식의 방향을 찾아주세요!

이렇게 이야기하면 강연장에서 서로의 눈을 바라보고 어느 눈이 더 빨리 깜빡이는지 찾으려고 서로를 뚫어져라 쳐다본다.

바로 이것이 편안한 눈빛을 만드는 포인트이다. 상대의 두 눈을 아무런 거리낌 없이 쳐다보는 것이다. 다시 말해서 어느 쪽 눈꺼풀이 느리게 깜빡이는가 하는 문제는 중요하지가 않다. 상대방이 어느 눈을 먼저 감을지에 대해서만 신경 쓰고 상대방을 바라보니 마음이 흔들리거나 어색해지는 일 없이 자연스레 눈을 맞출 수 있었던 것이다.

이렇게 아주 사소한 의식의 차이만으로도 편안한 눈빛을 만들 수가 있다.

PART 6

무의식의 언어

6-1

무의식의 힘

앞서 이야기한 '끌리는 사람은 이렇다'는 무의식에 관한 이야기이다. 무의식은 상대를 내가 원하는 방향으로 이끌 수가 있다.

코카콜라는 왜 북극곰을 광고로 내세울까?

콜라는 여름에 소비가 더욱 일어난다. 하지만, 코카콜라는 북극곰을 내세웠다. 겨울에도 콜라를 먹어야 한다는 인식을 심어 주기 위함이다.

코카콜라는 초기 북금곰이 모델은 아니었다.

모든 음료가 그렇지만, 코카콜라도 한 가지 걱정이 있었는데, 그것은 사람들이 코카콜라를 더울 때 마시는 음료라고 생각한다는 점이 있었다.

여름에 마시면 확실히 맛있긴 하다. 하지만 겨울에도 상쾌하고 맛있게 코카콜라를 마시는 것을 생각하다 보니 한 가지 묘안은 산타클로스를 등장시키는 것이었다.

잡지 광고에는 코카콜라를 마시는 산타클로스가 나타나기 시작했다. 당시 널리 알려진 종교적 진지함과 엄숙함이 깃든 산타클로스와는 달리 인상이 푸근하고 따뜻한 할아버지의 모습의 산타클로스가 처음 등장을 하였다.

시간이 지나 산타클로스의 모습은 점점 더 푸근해지며, 오늘날 우리가 생각하는 호호 할아버지 같은 산타클로스의 이미지가 만들어져, 우리들의 인식에 박힌 것이다.

코카콜라 CF 中

산타에 이어 코카콜라 북극곰도 등장했다.

1993년 처음 공개된 '언제나 코카콜라' 광고는 사람들을 깜짝 놀라게 했다.

북극의 밤하늘의 오로라를 바라보며 나란히 앉아서 코카콜라를 마시는 북극곰이라니 말이다.

산타클로스와 북극곰이라는 캐릭터는 '언제나 코카콜라를 마셔도 맛있다'라는 느낌을 전달하기에 충분했다.

사람들은 무의식적으로 이 말도 안 되는 매칭에 대해서 자연스럽게 받아들이기 시작했고, 코카콜라 기업 또한 영리하게 북극곰 마케팅을 더욱 강화시켜, 이미지가 박힐 수 있도록 나아갔다.

이처럼 무의식의 힘으로 상대를 내가 원하는 대로 움직일 수 있다. 누구나 자신의 의사와 상관없이 '어떤 힘'에 의해서 행동했던 경험이 있을 것이다. 긴장하지 말고 잘해야지 마음먹어도 막상 면접이나 경기에서 실수하거나 일찍 일어나야지 마음먹어도 침대에서 나올 수 없을 때 그리고 나쁜 남자인지 알지만 도저히 헤어질 수 없고 여전히 사랑할 때 우리는 '어떤 힘' 즉 무의식대로 행동하는 경우가 있다.

무의식의 힘에 대해 더욱 알아보자!

우리는 초등학교 이전 시절부터 구구단을 암기한 적이 있을 것이다. 무의식적으로 2단 3단 4단 총 9단까지 지속적으로 암기를 더해 나아갔다.

2×4는 무엇인가?

정답은 8

금방 답이 나온다.

하지만, 24×54는 무엇인가?

정답은 896

금방 나오지 않는다.

왜냐하면 우리는 9단까지 수없이 반복하여 자기도 모르게 무의식적으로 몸에 익숙한 정답은 말할 수 있다. 하지만, 익숙하지 않는 답은 한 번 더 생각을 하게 만든다.

습관이란 게 참 무서운 것이다.

사람은 개개인마다 알게 모르게 습관을 지니고 있으며, 이는 스스로를 나타내는 개성 일부이기도 하다. 구구단처럼 일부 지식의 기반으로 무의식이 창출되는 것이 아닌 몸의 기억을 기반으로 하여 무의식이 발동하기 때문이다.

그래서 이는 타인에 의해 표면적으로 잘 보이게 되며, 스스로 또한 그것을 인지할 수 있다.

기존의 습관과 더불어 새로운 습관을 다시 새롭게 추가하거나 입히는 데 오랜 시간이 걸린다.

그럼에도 불구하고 습관이라는 무의식은 변화되고, 더욱 발전될 수 있다는 점에서 다행이기도 하면서, 무섭기도 하다.

착시현상에 대해 들어본 적이 있을 것이다.

착시현상은 마술 트릭으로 사용하는 마술로 마술의 일부 중 한 가지다. 하지만 관객들은 자신도 모르게 그 착시현상에 대해 설득을 당한다.

사람은 시각적 의존도가 굉장히 높기 때문이다.

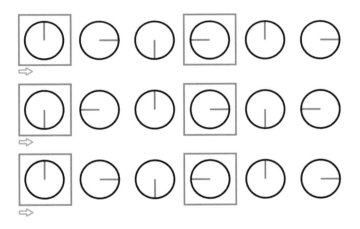

「Now you see me 2(나우유씨미 2)」라는 영화에서 마술트릭 중 하나인 비를 멈추게 하는 마술을 볼 수 있다. 이는 착시의 일정인 '마차 바퀴현상' 또는 '스트로브 효과'라고 한다.

우리 얘기 좀 하자

모든 원리는 회전속도(rpm), 조명의 깜빡임 혹은 우리의 눈, 카메라의 촬영 fps가 관여하는 시각적 착시현상이다.

위의 그림을 보자. 이는 그 스트로브 효과를 형상화 한 것이다. 이는 원에서 빨간선은 시계 방향으로 돌고 있지만, 초록네모만을 보면 반시계 방향으로 돌고 있다.

우리는 이 초록 네모만을 보고 있을 때 이 현상을 발생한다.

빨간 직선이 반시계 방향으로 움직이는 것을 볼 수 있다.

영화 「나우유씨미」 中

영화에서 본 것처럼 비를 멈추게 하는 마술을 물의 주파수와 조명의 주파수를 특정하게 조정한다면 당연하게 물을 멈추게 할 수 있으며, 심지어 물이 위로 올라가는 착시현상도 만들어 낼 수 있다.

이처럼 우리는 불안정한 시각적 정보 요소를 받아들이게 되면 이처럼 무의식적으로 착시현상이 일어나는 것을 볼 수 있다.

정말 마술의 트릭처럼 상대를 원하는 대로 생각하고 행동하고 그것만 보이게 할 수가 있는 것이다.

이처럼 무의식은 의식하고 머리로 생각한 것보다 훨씬 더 강력하다. 그리고 재미있는 사실은 위의 24×54의 답은 '896'이 아니라 '1296'이다. 만약 의식이 작동했다면 내가 말한 답을 의심하고 계산을 했어야 하지만 무의식은 내가 제시한 엉터리 답을 그대로 받아들였다.

광고로 계속 친근하게 느껴지게 하지 않더라도 굳이 마술의 트릭을 쓰지 않더라도 무의식은 이렇게 작용하고 있다.

우리 얘기 좀 하자

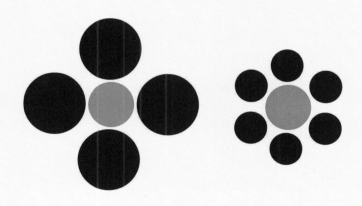

위의 빨간 점 중 어느 곳이 더 클까? 오른쪽 점이 더 클까?

아니다! 두 개의 빨간 점은 크기가 같다.

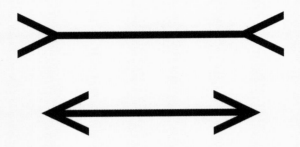

위아래 중 어느 선이 더 길까?

이 역시 정답은 길이가 같다.

우리는 이처럼 내가 직접 눈으로 보고 맞다고 여기는 것들 또한 무의식에 의해 다르게 작용하고 있을 수가 있다.

우리 얘기 좀 하자

6 - 2

상대방의 시선을 다른 곳으로 돌리는, 미스디렉션

나도 모르게 시선을 뺏기는 경우가 있을 것이다.

언급한 마술같이 시각적인 흥미와 착시현상이라면 충분히 가능할 것이다.

동양에서는 마술이 속임수나 눈속임으로 불리지만 서양에서는 마술이 속임수라기보단 기술이라는 인식이 강하다.

그래서 영어에서는 마술을 'Magic' 또는 'Trick'이라고 한다. 이는 속임수를 뜻하는 'Cheat'와 구별되는 것이죠. 예를 들면, 시험을 치를 때에 다른 사람의 시험지를 훔쳐보는 것 따위의 행위를 'Cheating'이라고 한다.

또한, 마술사는 관객을 속이는 직업이 아니라 관객에게 웃음과 즐거움을 주기 위해 그럴듯하게 연출하는 연기를 하는 것이므로, 서양인들에게 마술은 일종의 Show로서 인정받고 있다.

흔히들 속임수라고 하는 것이 바로 '미스디렉션'이다. 말 그대로 전혀 다른 곳을 보게끔 하는 일종의 눈속임 같은 것이다. 그러나 단순히 눈속임이라고 말할 수 없는 깊은 뜻이 있다. 그 이유는 속이기 위해 하는 행동이 아니라 무언가를 위해 연기하는 것을 말하기 때문이다.

만일, 마술사가 동전을 하늘로 던졌다고 가정해 보자.

손에서 사라진 동전은 분명 어딘가에 있겠죠? 이때 마술사는 동전이 던져졌을 법한 곳에 눈을 돌리고 손도 향하게 됩니다. 마술사의 손과 눈을 따라 관객도 같이 따라가는 것이 바로 미스디렉션이다. 세계 챔피언 마술사인 토미 원더(Tommy Wonder-네덜란드 마술사)는 마술의 가장 중요한 미스디렉션은 바로 '눈'이라고 했다.

실제로 그의 눈을 보다 보면 어느새 관객 앞에 계란과 카드 등이 놓여 있고 공이 사라졌다가 다시 나타나 있다. 마술사들까지도 전혀 눈치 채지 못하게 만든다. 그는 아주 천천히 관객과 눈을 마주치면서 마술을 할 뿐인데, 모든 관객은 그의 눈 속에서 잠시 환상에 젖어 버리는 것이다.

마술사가 아니라 위의 말이 어려운가? 그렇다면 매우 쉽게 설명할 수가 있다. 왜 마술사는 미녀와 함께 무대를 꾸밀까? 마술사가 제 손을 보지 마세요! 하더라도 관객들은 마술사의 손을 뚫어져라 쳐다볼 것이다. 하지만, 미녀가 걸어 나온다면 자연스럽게 아름다운 미녀를 보게 될 것이다.

이처럼 미스디렉션은 마술에서 뿐만 아니라 여러 곳에서 쓰이고 있다.

정치인들은 자기에게 불리한 사건이 생기면 연예인 스캔들, 마약 등 대중들이 관심 있어 할 만한 자극적인 이슈로 자기 사건을 덮는다.

전두환은 정치에 대한 국민들의 관심을 돌리기 위해 프로야구, 포르노 등을 유통했다고도 한다.

대형 마트에서는 고객들이 장을 본 후 아무 곳에나 버려 두고 가는 정리되지 않는 카트가 골칫거리였다. 그래서 아이디어를 하나 냈는데 그것이 바로 100원 보증금 시스템이다. 100원을 찾으려면 카트를 제자리에 가져다 놓아야만 하는 것이다. 100원이 큰돈은 아니지만 고객들은 100원을 찾기 위해 스스로 카트를 정리하게 만들었다.

그리고 나는 이 이야기를 들었을 때 진심으로 놀랬었다.

우리는 어릴 적부터 횡단보도를 건널 때 한 손을 높이 들고 건너야 한다고 배웠다. 나는 당연히 아이들이 어리고 키가 작으니까 차 안의

운전자가 잘 보기 위해서는 손을 들고 건너야 하는구나 생각을 하고 그렇게 행동해 왔다. 여러분도 그렇게 알고 있을 것이다.

그러나 여기에는 엄청난 미스디렉션이 숨어 있었다. 안 보이던 아이가 손을 든다고 해서 차 안에서 잘 보일까? 손을 들어봤자 머리에서 주먹 높이 정도 더 보일 것이다. 그렇다면 왜 손을 들고 건너야 한다고 배웠을까? 이는 손을 들고 빨리 뛰기는 힘들기 때문이다. 한 손이 하늘을 향한 채 달린다고 상상해 봐라. 빨리 달리는 게 쉽지가 않을 것이다. 그래서 뛰지 말라는 말 대신 손을 들고 건너야 한다는 미스디렉션을 사용한 것이다.

유명한 미스디렉션 실험 중 하나인 '보이지 않는 고릴라 실험'이 있다.
이는 인지심리학자 차브리스(Chistopher Chabris)와 사이먼스(Daniel Simons)에 의해 진행된 유명한 실험이다.

이 실험에서 참가자들은 흰색과 검은색 티셔츠를 입은 사람들이 각각 팀을 이뤄 농구를 하는 동영상을 보며, 흰색 티셔츠를 입은 사람들이 공을 몇 번이나 패스하는지 세도록 지시받는다.

그리고 동영상 중간에도 고릴라 복장을 한 사람이 등장하여 카메라를 보고 가슴을 친 후 사라지는 장면이 있다.

그러나 실험 참가자의 절반 정도는 공을 몇 번이나 패스하는지 세느라 고릴라 등장했다는 사실을 전혀 인지하지 못한다.

이와 같이 특정한 정보에 주의하면 불필요한 자극은 무시하게 되는 것을 선택적 주의라고 한다. 이는 인지의 효율을 높이기 위한 기능이다.

6 - 3

거짓신호를 알아내는 여자의 육감

인간은 오감의 감각을 지니고 있지만, 여자의 육감에 대해 들어본 적이 있을 것이다.

이는 사람을 보는 눈이라 한다.

여자들은 육감(gut feeling)으로 주변 사람들을 파악한다.

10대들의 고민을, 남편의 머릿속에 들어있는 생각을, 목표를 달성한 친구의 행복을, 파트너의 불륜을 느낀다.

육감은 막연한 감정 상태가 아니라 뇌의 특정 부위에 의미를 전달하는 실제적인 감각이다.

실제로 한 온라인 커뮤니티 게시판에는 '명탐정 여친'이라는 제목으로 사진 한 장이 게재돼 뜨거운 관심을 불러 모았다.

공개된 '명탐정 여친' 사진은 한 커플이 카카오톡으로 주고받은 대화 내용을 캡처한 것으로 남자친구의 작은 실수를 물고 늘어지는 여자친구의 집요함이 담겨 있다.

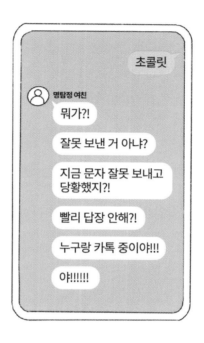

먼저 여자친구는 뜬금없이 "초콜릿"이라는 메시지를 보낸 남자친구의 행동에 "뭐가? 잘못 보낸 거 아냐?"라고 되물었다.

하지만 남자친구가 대답이 없자 여자친구는 때를 놓치지 않고 "지금 문자 잘못 보내고 당황했지?", "누구랑 카톡 중이야?"라며 추리를 시작했다. 여자친구는 여기에 그치지 않고 "빨리 답장 안 해?", "야"라며 끝내 화를 내 보는 이들에게 큰 웃음을 선사했다.

강한 육감은 여자의 뇌에서 몸의 감각을 뒤쫓는 데 이용되는 세포의 숫자와 관련이 있어 보이고 사춘기에 이르면 이 숫자는 증가한다.
에스트로겐의 증가가 의미하는 것은 여자가 남자보다 육감이 더 발달돼 있고 신체적 고통을 더 많이 느낀다는 것이다.
여자가 가슴의 두근거림을 통해 감정적 데이터를 받아들이거나 혹은 육감적으로 느끼기 시작할 때 그녀의 몸은 랑게르한스섬과 전두대상피질에게 메시지를 되돌려 보낸다.

랑게르한스섬은 육감이 처음으로 처리되는 뇌의 오래된 한 부위이다. 타인의 생각이나 느낌을 추측할 수 있다는 것은 기본적으로 마음을 읽을 줄 안다는 것이다.
전반적으로 여자의 뇌는 사소한 힌트에도 타인의 생각이나 신념, 의도에 재빨리 다가가는 천부적인 능력이 있다. 이런 일체감은 여자들에게는 자연스러운 것이며 성공적인 심리치료에 핵심적인 것이다. 그래서 좋은 반응을 얻어 내는 치료사들은 대부분 여자들이다.
다른 사람의 감정에 상처를 입히지 않을 수 있는지, 혹은 스토리 속의 등장인물들이 어떻게 느낄 것인지를 판단하는 능력에서 여자들은 남자들보다 3-4배 정도 앞선다.
이것이 여자들이 가지는 직관의 비밀인 것이다.

　　　　　　　　　　　　　　우리 얘기 좀 하자

종종 여자들은 타인의 감정에 압도당하기도 한다.

런던 유니버시티대학교 신경학연구소에서는 여자들의 손에 한 번은 약한 전기충격을, 한 번은 강한 전기충격을 주고 난 뒤 뇌를 촬영했다. 그런 다음 여자들의 애인들에게도 동일한 충격을 줬다. 이때 여자들은 애인의 손에 흐르는 전기충격의 강도에 따라 신호를 받게 돼 있었다.

실험에 참가한 여자들은 애인의 얼굴이나 몸을 볼 수 없었지만, 애인들에게 강한 전기충격을 줬다는 사실을 알게 됐을 때 충격을 받고 뇌의 동일한 부위에 고통을 느꼈다.

여자들은 애인의 고통을 함께 느끼고 있었는데, 마치 애인의 뇌로 들어간 것 같은 반응을 보였다. 하지만 남자들에게서는 그와 같은 반응을 발견해 내지 못했다.

많은 진화심리학자들은 타인의 고통을 느낄 수 있는 능력과 재빨리 정서적 뉘앙스를 읽어 내는 능력은 석기시대 때부터 여자들에게 부여된 것이며 여자들의 이런 능력이 잠재적으로 위험하고 공격적인 행동을 기민하게 감지하고 피하게 해 줌으로써 자신과 자녀들을 보호할 수 있게 해 줬다고 생각해 왔다.

이런 재능은 또한 아직 말을 하지 못하는 아기들의 요구를 예측해야 할 수 있어야 하는 여자들에게 꼭 필요한 것이었다. 반면 남자의 뇌에서 대부분의 감정은 육감에 의존하기보다는 합리적인 사고에 의

존한다. 가능하면 정서적 반응을 피하려고 하는 게 정서에 대한 남자들의 뇌 반응 특징이다.

그래서 남자는 관계의 공포를 알리는 여자의 신호에 주의를 기울이지 않는다. 여자가 일찌감치 했던 경고에 주의를 기울이지 않았던 남자는 심각한 고민에 빠진다.

여자의 눈물이 남자의 뇌로부터 관심을 끌어내는 한 방법이기는 하지만, 여자의 눈물은 관계의 감지에 둔한 대부분 남자들에게 극도의 불편함을 주는 것이다.

여자의 삐쭉 내민 입술, 찌푸린 얼굴, 입술 가장자리의 떨림 등이 울음의 전주곡이라는 것을 남자는 전혀 눈치 채지 못한다.

따라서 여자의 눈물과 대면하면서 남자가 대체로 보이는 반응은 "아니 왜 울어요?" 정도이다.

많은 연구자는 이러한 전형적인 시나리오는 남자의 뇌가 앞으로 다가올 지각의 정서적 의미를 해석하는 데 여자보다 훨씬 더 많은 시간이 걸리게 된다는 것을 의미한다고 결론을 내리고 있다.

우리 얘기 좀 하자

6 - 4

내가 원하는 선택으로 상대를 조종하는 법

맛있는 음식을 먹고 무의식적으로 '맛있다'라는 말이 나오는 것과 이쁘고 잘생긴 사람을 보면 무의식적으로 감탄사가 나오는 듯이 무언가를 좋고, 싫음, 힘듦 등 감정의 사고가 일어나는 경우가 많다.

무의식이란 무의식 또는 '비의식'은 자신과 주위 환경에 자각이 없는 상태 즉, 자신이 의식하지 못하는 두뇌의 활동이며 사고 과정, 기억, 동기 따위 없이 자동적으로 발생하거나 작동할 수 있는 심리적, 정신적 작용이다.

현재에 의식되지 않는 정신의 특성인 이런 무의식은 개인의 내면에서 자신도 모르게 진행되는 정신활동의 현상이라고 할 수 있다.

무의식이란 지금은 의식되지 않는 정신의 현상을 모두 일컫고 있다. 우리는 생활하면서 때로 의도적으로 떠올리려고 해도 생각이 나지 않는 경험을 한다. 그런가 하면 우리는 전혀 생각하고 싶지도 않은 생각이 갑자기 떠올라 당황하는가 하면, 마땅히 떠올려야 할 친한 사람의 이름이 떠오르지 않아서 순간적으로 난감한 경우도 있다.

이러한 무의식적으로 행동하는 상태를 이용하여 남을 조종하는 방법은 있을까?

대표적인 심리학 기술을 이용한 두 가지 예를 알아보자!

첫째, 유인용 제시(판단력 흔들기)

이는 심리학에서 '미끼 효과'로 알려져 있다. 대표적 예로, 부동산 컨설팅에서 한 고객은 컨셉이 다른 두 집(A, B)사이에서 선택을 고민하고 있다.

부동산 업자는 A집을 팔고 싶다. 이때 부동산업자는 A와 비슷하지만 열악한 C집(즉 미끼)을 추가해 보여 준다.

그 결과는?

그러면 그 고객 눈에 A집이 더욱 부각돼 결국 B보다 A를 선택하게 된다는 것이다.

둘째, 기억 재생(과거 판단 반복시킨다)

기억이란 어떤 특정 상황에 대한 감각들, 시각, 청각, 후각과 감정 등의 통합적 산물이다. 이에 따라, 상대가 자는 동안 냄새(후각)나 소리(청각) 자극을 제공한다.

그 결과는?

이러한 방법으로 은밀히 상대의 기억을 되살리게 되면 깨어난 뒤 어떤 결정에 영향을 미칠 수 있다는 것이다.

우리가 일상에서 보는 예로는 길거리에서 지갑이나 돈을 두고 주변에 경계를 표시하거나 공연장이나 건물에 경계를 표시하면 무의식적으로 자연스럽게 그곳을 침범하지 않는다는 것이다.

또한, 마트에 카트가 어지럽혀져 있거나 공원에 쓰레기가 여럿 흩날려져 있으면 한데 모여 이를 정리하는 것을 볼 수 있다.

이처럼 무의식의 행위는 주변에서 쉽게 볼 수 있듯이 감정과 행동에 무의식이 밀접하게 연관되어 있다.

마치 사람들의 일상은 의식과 무의식의 경계에서 줄다리기하는 것과 같다.

그럼에도 불구하고 자유의지에 기반을 두고 무의식에 대한 뚜렷한 판단과 이성이 중요하다는 것을 인지하자.

이제 마술사의 비법과 같은 언어의 트릭에 대해 알아보자!

PART 7

언어의 트릭

7 - 1

빠져나갈 수 없는 이중구속을 만드는 방법

마술 같은 설득을 통해서 빠져나갈 수 없는 이중 구속을 만드는 것이 확실한 방법일 것이다.

"같이 식사할까요, 아님 술 한잔 하실래요?"

"저, 시간이 별로 없어서….."

"그럼 간단하게 차라도 한잔 하시죠."

"네? 뭐… 차 한잔 정도는….."

컨트롤 기법 중 언어를 활용한 대표적인 것이 이중 구속 즉 '더블 바인드(double bind)'이다.

제품을 구매할 때 직원이 "옵션을 추가하실 건가요?"라고 물어보면 "필요 없습니다."라고 답하는 사람도 많을 것이다.

이런 질문은 '추가하지 않아도 된다.'라는 생각과 맞닿게 되기 때문이다.

그런데 "옵션은 어떤 것을 선택하시겠습니까?"라는 질문을 받게 되면 어떨까? 이런 질문을 받으면 '아, 뭔가 선택하지 않으면 안 되는구나.'라고 생각할 가능성이 크다.

이처럼 상대방의 머릿속에서 'NO'를 지워 버린 상태에서 선택권을 주는 언어 기법이 바로 '더블 바인드'이다.

더블 바인드는 미국에서 활동한 영국 태생의 문화인류학자 그레고리 베이트슨(Gregory Bateson)이 제시한 이론으로, '이중 구속'이라고도 한다. 이 기법은 양자택일을 해서 빠른 결론을 내고자 할 때 사용하면 큰 효과를 볼 수 있다.

이 기법의 포인트는 상대방에게 절대 부탁을 하지 않는 것에 있다.

예를 들어 당신이 마음에 드는 이성에게 데이트 신청을 한다고 가정해 보자. 일반적으로는 "내일 우리 데이트하지 않을래요?", "내일 우리 놀러 가지 않을래요?", "내일 만나지 않을래요?" 등과 같이 데이트 신청을 한다. 이는 상대방에게 'YES'와 'NO'의 두 가지 선택지를 주는 셈이다.

분명 상대방은 둘 중 하나를 선택하게 될 테니, 당신의 요구가 통할 가능성은 50대 50이다. 그런데 당신에 대한 상대방의 호감이 낮거나, 만난 지 얼마 되지 않았을 때라면 'NO'라는 대답을 듣게 될 가능성이 더 높다.

상대방이 일단 'NO' 모드에 들어가면, 그 후에는 좀처럼 마음을 되돌릴 수 없다. "에이, 그렇게 말하지 말고 내일 만나서 놀러가요. 아니면 차라도 한잔하든지.", "잠깐이라도 괜찮으니까 얼굴만이라도 좀 보여 줘요."라고 말하며 아무리 굽혀 봐도 상대방의 머릿속에는 이미 'NO'가 가득 차 있어 '끈질긴 사람이네!'라는 나쁜 인상을 주게 될 것이다

에릭슨 박사는 질문의 방식을 바꾸는 것만으로도 상대방에게 무조건 'YES'를 받아 낼 수 있다고 주장했다. 예를 들어 상대방에게 데이트 신청을 할 때, "내일 낮에 함께 식사하지 않을래요? 아니면 간단하게 카페에서 차 마시며 이야기나 할까요? 어느 쪽이 좋아요?"라고 묻는 것이다.

우리 얘기 좀 하자

즉 '데이트 한다'라는 것을 전제로 깐 뒤에 그 다음 질문으로부터 시작하는 것이다. 이때 대답의 선택지는 '밥'이나 '차'일 뿐 결코 'NO'는 없다. 따라서 상대방이 어느 쪽을 고른다고 해도 '데이트를 한다.'라는 목적은 충족되는 것이다.

인간은 자신의 의지에 의해 선택하고 행동한다고 생각하지만 사실 우리는 우리가 생각하는 것만큼 자유롭게 선택하고 행동하지 않는다.

말하자면, 결국에는 주어진 선택지에서 고르고 있는 것뿐이다. 물론 선택지 없이 무조건 따라야 하는 것보다 '스스로 고른다.'라는 작은 주도권만 주어지면 그것만으로도 만족할 수 있는 생물체가 바로 인간이다.

따라서 선택지를 두세 개 정도로 좁혀서 상대방에게 던져 놓으면 상대방은 그중 하나를 선택하는 자유를 확보하게 되고, 당신은 그의 발언을 속박하게 된다.

즉 상대방이 어느 것을 고르더라도 당신의 생각대로 되는 것이다. 이것이 바로 바인드 테크닉이다.

이런 방법도 가능하다. 내가 원하는 어떤 것을 선택하게 하고 싶을 때 '사과, 배, 포도, 딸기, 복숭아 그리고… 사과 중에서 어떤 게 좋으세요?'라는 질문을 던져 보자!

의도하는 과일을 첫머리에 그리고 맨 마지막에 배치를 한다.

의도하는 과일을 마지막에 말하기 전 약간의 뜸을 들이고 배치를 한다.

이것은 특정 단어를 강조함으로써 상대방에게 구속을 하게 하는 것이다.

이처럼 하나의 선택지뿐만 아닌 다른 선택지들도 줌으로써, 여유를 주지만 보기에만 여유를 지닌 것처럼 보이지 구속된 선택지를 가지게 된 것을 의미한다.

7-2

양보를 요청하는 가장 쉬운 방법

언어적 조작법은 비즈니스나 연애 등 우리의 일상에서 아주 유용하게 활용할 수 있다. 예컨대 부하 직원에게 복사를 부탁할 때 "복사 100부 부탁해요."가 아니라, "복사 100부를 부탁하려고 하는데, 오늘 오전, 오후 중에 언제 가능하겠어요?"라고 질문하는 것이다.

또한 배우자에게 집 청소를 부탁할 때 "주말에는 집 청소를 해 줘요."가 아니라, "토요일과 일요일 중에 언제 청소를 해 줄 수 있어요?"라고 질문하는 것이다.

이처럼 배려하는 한마디를 덧붙이면 상대방이 인간으로서 소중하게 여겨지고 있다는 느낌을 주는 언어를 곁들이면 상대방에게 깊은 만족감을 줄 수 있다.

말하고 싶은 것은 정확하게 전달하면서 호감을 얻기 위해서는 "문는 기술"을 바탕으로 한 기술이 필요하다.

마지막으로 커뮤니케이션 사이클을 만들어 내는 것이다.

서로가 기분 좋게 자기 주장할 수 있는 대화에서는 공감하는 것을 시작으로 대화가 깊어져 의견을 말하고 건넴으로써, 다시 또 공감이 깊어지는 사이클을 반복한다.

이 사이클이 차례로 돌아가면 양쪽 모두 "성과가 있는 대화로 나눌 수 있었다"라는 만족감을 얻을 수 있다.

즉, 이처럼 양보를 요청하는 질문으로 바꾸는 방법과 공감을 표출해 내는 방식만으로도 원하는 답변을 얻을 수 있는 확률이 올라갈 것이다.

7-3

스스로 YES를 말하게 하는 방법

상대방이 내가 원하는 질문에 대해서 스스로 YES를 말한다면 그것은 완벽한 우위를 지닌 대화법이 될 것이다.

우리는 그 방법으로 설득과 호감을 동시에 얻을 수 있는 "자기설득"의 기교를 이용한다.

예를 들면 자동차 세일즈맨이 "수많은 자동차 메이커 중에서 왜 우리 회사의 차에 주목하였나요?"라는 질문을 고객에게 했다고 하자 그러면 고객은 "신뢰성이 있다." "스타일에 매력을 느꼈다."와 같은 그 차의 우수한 점을 들 것이다.

결국 고객 자신이야말로 고객이 그 차를 팔기 시작한 것이다.

세일즈맨은 "바로 고객님이 말씀하신 대로입니다."라고 찬성하기만 하면 된다.

그것만으로 고객 안에 그 차의 우수성이 어필되는 것이다.

이것이 "자기설득"의 강점이다. "우리 회사의 차는 훌륭합니다."와 같은 이쪽에서 일방적으로 의견을 던지는 "타자설득"에 비해 자기 설득은 상대방이 "자기설득의 말로 자신을 설득"하도록 이끄는 방법이며 이것을 이용하는 것으로부터 한층 효과적인 설득이 가능한 것이다.

자기설득을 성공시키기 위해서는 앞서 말한 것과 다른 '묻는 기술이' 필요한 것이다.

효과적인 질문으로 상대방의 말을 끄집어내고 거기에 귀를 기울임으로써 호감이나 신뢰감을 얻을 수 있음과 동시에 상대방의 속마음을 알아낸다. 그것이 스스로 yes를 말하게 하는 방법이다.

자기 설득에는 5가지 이점이 있다.

1. 일방적인 강요에 의한 "심리적 반발"을 피할 수 있다.
2. 상대방에게 이해와 만족감을 주어 의욕을 높일 수 있다.

3. 설득 후에 불만이나 트러블이 적다.

4. "상대방의 체면을 유지해 주면서 요구를 관철"하는 문화와 잘 매치된다.

5. "스스로 생각"하기 때문에 설득당하는 쪽도 성장한다.

7 - 4

에피소드 설득하는 방법

무언가 부탁을 함에 있어 배경이 되는 에피소드를 곁들여서 함께 말하면 상대방의 마음에 영향을 줘서 쉽게 설득을 할 수가 있다.

예를 들어 무청을 버리려는 아내에게 부탁한다고 하자. 이때 '무청을 버리지 마'라고 말하면 아내는 쉽게 이해하지 못할 수도 있다. 아내 기준에서 무청은 맛이 써서 자신은 별로 좋아하지 않을지도 모르기 때문이다.

하지만 '무청을 버리지 마'라고 말한 후에 다음과 같은 에피소드를 이어 말하면 어떻게 될까?

'당신도 알고 있겠지만 나는 가난한 유년시절을 보냈잖아. 그래서 채소 가게 주인도 다른 집에서 먹지 않고 버리는 무청을 우리에게 공짜로 줬거든. 살림살이가 어려웠던 시절이라 그것만으로도 굉장히 기뻤어. 그래서 무청은 나에게 진수성찬이야. 나를 위해서라도 무청을 버리지 말아 줘.'

이런 에피소드를 듣고 나면 아내도 무청을 쉽게 버리지 못할 것이다. 에피소드가 감동적일수록 잘 설득할 수가 있다.

아이들에게 이솝 우화가 인기 있는 이유는 다양한 우화를 통해서 아이가 사회의 규칙이나 상식의 중요성을 배울 수 있기 때문일 것이다. 만약 이솝 우화에 이야기는 없고 교훈만 가득하다면 아무도 읽지 않을 것이다. 이야기가 함께 하기 때문에 아이들도 쉽게 교훈을 이해할 수가 있는 것이다.

따라서 설득할 때는 에피소드를 적절히 섞는 방법이 효과적일 것이다. 특히나 에피소드가 자신이 어필하고 싶은 주제와 잘 맞는다면 더욱이 상대방의 공감을 이끌어내 마음을 움직일 수 있을 것 이다.

7-5

상대의 기억을 없애는 방법

앞서 상대에 대한 배려 요청과 더불어 yes라는 답변 법을 알아보았다. 하지만 상대방이 잘못된 정보를 바탕으로 하여 부정적인 의견을 표출해 낸다면, 이를 해결할 방법이 필요하다. 가장 좋은 방법은 나쁜 기억을 새로운 기억으로 대체 시키는 방법이다.

예를 들어 물건을 판매하는 영업직군 샐러리맨으로 고객에게 물건을 판매하는데 고객이 그 물건에 대한 좋지 않은 사건을 시작으로 좋지 않은 고정관념이 박힌다면 아마 물건을 그 고객에게 판매하는데 실패할 확률이 매우 높다.

하지만 물건에 대한 신제품의 효과와 더불어 그 제품군이 아닌 다른 제품군을 소개로 말을 돌려 새로운 제품에 대한 판매를 하거나 제안하는 것이 좋다.

우리 얘기 좀 하자

잊고 싶은 기억과 유사하면서도 긍정적인 일들을 경험할 수 있는 방법을 찾아 시간이 지나면 타인의 마음은 경로를 바꾸게 되고 원래의 기억이 예전만큼 강력하지 않음을 느끼게 될 것이다.

결과적으로 상대의 기억을 없애는 방법은 첫째 나쁜 기억을 좋은 기억으로 대체시키는 것 등 새로운 기억으로 덮는 것이다. 실제로 이것은 스스로의 나쁜 기억을 망각하는 데도 효과적인 방법이며 장기적인 긍정적인 생활을 하는 데 더욱 필요한 사항이다.

상대방이 나에게 또는 어떤 나쁜 기억을 지니고 고통스러워하고 있다면 그것을 흘려보내기 위한 새로운 기억으로 대체시키는 노력을 해 보자!

7 - 6

망각하는 방법

타인에 대한 기억뿐 아니라 자기 자신의 마인드 컨트롤 또한 중요하다. 앞서 이야기한 것처럼 나의 기분이 상대방에게 좋지 않은 영향을 미치기도 하기 때문이다.

나쁜 기억이나 트라우마로 인해서 기억의 왜곡 또는 부정적인 생각으로 뒤덮일 수가 있기에 부정적인 마인드는 타인에 대한 전파가 되므로, 하루 빨리 해결하는 것이 중요하다.

첫째, 먼저 잊고 싶은 기억이 무엇인지 파악한다. 기억을 잊기 전에 해당 기억에 관한 구체적인 내용을 떠올려야 한다. 이 과정이 힘겨울 수도 있지만 반드시 필요하다. 다음 질문에 대한 답변을 글로 써보면서 기억의 세부 내용을 파악하자.

무슨 일이 일어났는가? / 누가 관련되어 있는가? / 언제 어디서 일어난 일인가? / 다른 일도 있었는가? / 당시 어떤 느낌이었나?

둘째, 떠올린 내용 중에서 어떤 부분이 가장 신경 쓰이는지 생각해 본다. 다음 단계는 기억하는 내용 중에서 가장 괴로운 부분을 정확히 찾아내는 것이다. 괴로움의 근원을 알아야 무엇을 잊어야 할지 파악할 수 있다. 기억을 잊는 작업을 위해서 우선 구체적인 내용을 글로 적어 본다.

전 남자친구나 여자친구의 존재 자체를 잊을 수는 없지만 특정한 데이트, 이벤트, 감각 기억 등은 잊을 수 있다. 예를 들어 어떤 향수의 냄새, 첫 데이트, 아니면 전 애인이 했던 말들은 잊을 수 있다.

만약 충격적인 경험에서 헤어 나오지 못하고 있다면, 괴롭힌 사람들, 슬픔이 야기된 특정 장소, 구내 식당이나 락커룸, 체육관 등의 냄새와 같은 감각적인 내용들을 목록으로 작성한다.

셋째, "기억 유발 대상"을 없앤다. 어떤 물건이나 이미지가 고통스러운 기억을 떠올리게 한다면 기억을 잊기가 점점 어려워진다. 나쁜 기억을 유발시키는 물건이나 사진이 있다면 당장 안 보이는 곳에 두거나 없애 버리는 것이 좋다.

예를 들어, 사진이나 선물 등 전 애인을 떠올리게 하는 물건들을 없애는 것이다.

넷째, 싫었던 일들을 떠올리면서 동시에 기분 좋은 일을 해 보자. 기억에 연관된 안 좋은 느낌을 극복하는 한 가지는 불쾌했던 기억을 좋은 것들과 연관시키는 방법을 스스로 배우는 것이다. 이 방법의 목표는 긍정적인 연관 효과를 통해서 고통스러운 기억들을 덜 고통스럽게 만드는 것이다.

　나쁜 기억을 떠올리면서 동시에 당신을 행복하게 만드는 무언가를 해 보자. 예를 들어, 애인과 헤어질 때 거북했던 느낌을 생각하면서 마음을 달래 주는 음악을 듣는다. 아니면, 향초를 켜고 편안하게 목욕을 하면서 직장을 잃었던 때를 떠올린다.

　긍정적 연관법이 별 도움이 되지 않는다면, 고통스러운 기억을 씻어내기 위해서 백색 소음을 듣도록 해 보자. 주변을 온통 라디오의 잡음만 들리도록 만들거나 백색소음기를 틀어 놓고 고통스러운 기억을 곰곰이 떠올려 보자.

　마지막으로 새로운 기억을 만든다. 낡은 기억을 지우는 괜찮은 방법 중 한 가지는 나가서 새로운 기억을 만드는 것이다. 잊고 싶은 기억과 관련된 일들을 하지 않더라도 새로운 기억을 만들면 잊고 싶은 기억들을 밀어낼 수 있다. 새로운 기억을 만들기 위해서 할 수 있는 일들은 다음과 같다. '새로운 취미를 시작한다', '새로운 책을 읽는다', '영화를 본다', '새로운 일을 찾는다', '새로운 친구를 만든다' 등의 방법이 있다.

　나쁜 기억에 대한 해결은 개인의 가치관의 건강을 유지할 수 있으며, 새로운 시작하는 데 힘을 얻을 수 있다. 무엇보다 자존감을 높이는 방법으로 이어질 수 있기에, 스스로에 대한 마인드 컨트롤은 타인 관리보다 더 앞서 중요하다 여길 수 있다.

PART 8

핫리딩과 콜드리딩

8-1

상대방의 마음을 열어라, 핫리딩

핫리딩은 미리 정보를 읽고 상대방의 마음을 여는 기술이다.

상대방이 무엇을 관심 있어 하는지 알게 되면 상대방과의 소통이 잘될 수가 있다.

요즘은 SNS의 발달로 상대방의 관심사를 쉽게 알 수가 있다. 무작정 소개팅에 나가는 것이 아니라 미리 그 사람이 뭘 좋아하는지 알고 간다면 대화를 더욱 즐겁게 이끌어 나갈 수 있을 것이다.

군대에서 축구한 이야기는 최악의 이야기라고 우리는 흔히 이야기하지 않는가! 군대를 다녀온 남자들이야 그 생활을 해 봤기 때문에 공감대를 사고 재미있게 이야기를 끌어갈 수 있지만 여자들은 군대생활을 해 보지 않았기 때문에 군대에서 축구한 이야기는 지루하게 들릴 수밖에 없다.

예를 들어 소개팅에 나가기 전에 상대방의 SNS를 보고 내가 본 영화랑 똑같은 영화를 본 게시물을 발견했다고 가정해 보자!

이 정보를 알고 있으니 핫리딩을 구사할 수가 있다.

나　: 영화 보는 거 좋아하세요?

상대 : 네~ 평소에 시간이 나면 영화를 자주 보러 다녀요~

나　: 저도 영화 보는 거 좋아해요! 얼마 전에 ○○영화 봤는데
　　　정말 재미있더라고요~

상대 : 어? 저도 얼마 전에 그 영화 보고 왔는데 거기서 ○○부
　　　분이 제일 재미있더라고요~

나　: 그쵸? 저도 그렇게 생각했어요.

상대 : 와~ 신기하다. 저랑 취향이 비슷하네요~ 어쩐지 대화가
　　　잘 통하더라~

이렇게 대화가 오간다면 소개팅은 성공적이었을 것이다. 여러분도 소개팅뿐만 아니라 업무 미팅 때 상대방의 정보를 파악하고 나간다면 '오늘 날씨 좋네요~'와 같은 상투적인 말밖에 못하던 당신은 대화를 즐겁게 이끌어 나갈 수 있을 것이다.

마술도 마찬가지로 관객의 정보를 앞서 이야기한 몸과 얼굴의 언어에서 읽을 수도 있지만 이번엔 더욱 노골적으로 읽어 내는 마술을 하나 공유해 보고자 한다.

1. 당신은 카드를 마구잡이로 섞은 뒤 정리를 하며 카드 제일 바닥에 있는 카드 하나를 기억한다. 그 카드가 '다이아몬드 7'이라고 가정해 보자! 그리고 바닥에다가 카드를 마구잡이로 펼쳐 놓으면서 '다이아몬드 7'이 어디 있는지 기억해라! 당신은 '다이아몬드 7'이라는 정보를 가지고 시작한다.

2. 그 후 당신은 관객에게 '다이아몬드 7'이라고 생각하는 카드를 검지로 찍어 보라고 이야기를 한다. 관객은 아무 카드나 고를 것이다. 그리고 당신은 그 카드를 아무도 보지 못하게 가지고 와서 혼자만 보도록 한다. 만약 상대방이 고른 카드가 '클로버 3'이라고 치자. 그럼 당연히 그 카드는 '다이아몬드 7'이 아닐 것이다. 그래도 당신은 '다이아몬드 7'이 맞다는 표정을 지어 보여라!

3. 이번엔 관객에게 '클로버 3'이라고 생각하는 카드를 역시나 검지로 찍어 보라고 이야기를 한다. 그리고 이번에도 아무도 못 보게 가지고 와서 혼자만 확인해라! 이번에 그 카드는 '하트 10'이라고 가정을 해 보자! 그래도 당신은 '클로버 3'이 맞다는 표정을 지어 보인다.

4. 이제 마지막이다. 이번엔 당신이 '하트 10'이라고 생각한 카드를 직접 하나 골라 본다고 이야기를 한다. 그리고 아까 당신이 기억했던 '다이아몬드 7'을 찍고 아무도 보지 못하게 가지고 온다.

5. 이제 당신 입으로 이야기한 카드 세 장은 모두 당신 손에 들어왔다. 그리고 우리가 이야기한 카드가 뭐뭐였죠? 라고 물어보며 그 카드를 하나씩 꺼내면 당신은 상대방의 마음을 읽어 내는 마술

을 선보이게 된다.

이처럼 상대방의 정보를 알고 있다면 상대방과 대화하고 그 주도권을 가져오기가 매우 쉬울 것이다.

8-2

상대방을 간파해라, 콜드리딩
(왜 사람들은 스스로 정보를 말할까?)

콜드리딩이란 것은 대상에 대한 아무 사전정보도 없이 상대방의 속마음을 알아내는 기술을 뜻한다. 본래 영화나 연극 분야에서 널리 쓰이는 용어로, 오디션 때 사전 리허설이나 연습 없이 즉석에서 대본을 큰 소리로 읽어보는 것에서 유래한 말이다.

보통은 점쟁이나 점술사들이 흔하게 쓰는 기법이다.

점쟁이 : 너네 집에 감나무가 있었지?

손　　님 : 네~ 맞아요~ 어떻게 아셨어요? 너무 용하시네요~

이 다음부터는 대화가 너무 쉬워질 것이다. 그러나 감나무가 없는 경우도 있을 것이다.

　　　　　　　　　　　　　　　　우리 얘기 좀 하자

점쟁이 : 너네 집에 감나무가 있었지?

손　　님 : 아닌데요~

점쟁이 : 감나무가 있었음 큰일 날 뻔했어~

이렇게 말을 상황에 맞춰 변화하며 상대방의 정보를 파악하려 드는 것이다.

또는

질의자 : 너에 대해 잘 안다고 생각하니?

i) 네 / 확신할 수 있을까? '나는 이럴 거야' 하는 것은 사람들의 오만이야.

ii) 아니요 / 맞아, 사람들은 자신을 잘 모른 채 살아가.

이 대화처럼 응답자가 어떻게 대답해도 질의자가 짐작한 질문에 설득을 당할 여지가 있게 만들 수도 있다. 이러한 상황들을 '콜드리딩'이라고 하고 일상 속에서도 있을 수 있고, 실제 '콜드리딩'이라는 것은 상대의 심리를 이용하는 것으로 전문성이 띠는 경향이 있다.

다시 말해 '응답자'가 느끼기에 '질의자'가 자신을 더 잘 알고 있는 듯한 느낌을 받는다.

> **질의자 : 당신을 보니 붉은 색이 떠오르는군!**
> **응답자 : 맞아요! 저 얼마 전에 단풍놀이 다녀왔어요~**

이렇게 스스로 정보를 말하는 경우다. 일상생활에서 붉은 색은 얼마든지 있다. 김치를 좋아할 수도 있고 얼마 전 다쳐서 피를 볼 수도 있고 정치색을 띨 수도 있는 것이다. 그러나 정작 본인이 정보를 스스로 말해 놓고 '이 사람 정말 대단한데?'라고 생각 하게 되는 것이다.

이렇게 콜드리딩을 잘하는 사람을 가리켜 '콜드리더(Cold Leader)'라고 부른다. 이들은 상대에 대해 아무것도 모르는 상태에서 그 사람의 말투나 옷차림, 손짓, 행동 등 겉으로 드러난 정보를 통해 그 사람의 성격이나 속마음을 유추해 낸다.

콜드리딩에 어느 정도 숙달되면 타인에 대한 정보도 어느 정도 유추하여 내가 원하는 정보를 사람들은 스스로 말을 하게 할 수 있다. 이는 속마음을 유추하는 것으로 실생활에서도 적용하는 데 큰 장점을 지니고 있다. 예를 들어 마음에 드는 이성 연락처 따내기 위해서 이성의 마인드를 유추하는 것으로 나에게 관심을 지니고 있는지 약간의 호기심을 지니고 있는지에 대한 것을 간파해 낼 수 있으며, 더 나아가 콜드리딩으로 애인의 바람기도 잡아낼 수가 있다. 앞서 거짓말 낚아채는 법에서 말한 멀티플 임플리케이션도 이 콜드리딩에 해당된다고 할 수 있다.

그렇다면 앞서 언급한 핫리딩과 콜드리딩을 통해서 상대방과 어떻게 소통할까?

핫리딩의 경우에 내가 상대방의 정보를 알고 있을 때 리딩하는 기법으로 핫리딩은 실생활보다, 비즈니스나 종교, 정치 쪽의 협상 및 회담에서 많이 사용된다.

이와 반대로 콜드리딩의 경우 기본적으로 상대방의 심리를 읽는 기술이나 교묘하게 정보를 끄집어내는 기술들로 소개팅, 모임, 처음 보는 사람들을 대상으로 커뮤니케이션 관련하여 실생활에 많이 쓰인다. 또한 수사관이나 정치인 등 인간의 행동을 다뤄야 하는 직군에서 자연스럽게 경험으로 축척된 콜드리딩을 사용한다.

핫리딩과 콜드리딩 어떠한 것을 비교하여 우위를 점할 순 없지만, 상황에 맞는 적절한 기법과 행동으로 적절한 사용이 중요하다.

PART 9

판매왕의 언어

9-1

가능한 높은 가격을 측정하라

요즘 시대에 중고제품을 판매하는 어플리케이션이 유독 활발하게 일상 속으로 스며들어 가고 있으며, 대기업조차 중고시장에 눈독을 들이고 있다.

혹시 중고제품을 판매한 적이 있는가? 이 책을 읽은 사람들이 비록 세일즈맨이 아니더라도 물건을 중고제품 판매처럼 물건을 판매하는

우리 얘기 좀 하자

경우도 생길 것이다.

물건을 판매를 할 때 무엇이 중요할까 바로 흥정이다.

판매자들의 경우는 최대한 높은 가격에 팔고 싶어 하며, 구매자의 경우는 최대한 할인된 가격에서 물건을 취하길 원한다.

이에 접점을 맞추기 위해서는 먼저 합의점을 도출해 내는 것이 제일 중요하다.

하지만 그전에 먼저 우리가 판매자의 입장에서 물건을 판매한다면, 가격을 부르기 전 가능한 높은 가격을 부르는 것이다. 물론 흥정을 하는 과정에서 처음 부른 가격의 전부는 받을 확률은 지극히 낮다. 중고시장이란 것이 그러하다. 때문에 그것과 얼핏 비슷한 가격에 판매할 수 있는 확률은 높을 것이다.

또 하나의 예로 우리가 목표를 정할 때도 마찬가지이다.

목표를 가장 높은 것을 정해 두면 그것까지는 도달하지는 못하여도 그 과정에서 처음 목표와 얼추 비슷한 목표 도달지점까지는 이룰 수 있다.

우리는 어떠한 목표나 판매 등 정함에 있음에 따른 정의 개념에 가장 높은 수치를 정해두고 시행에 옮기는 것이 스스로에 대한 흥정일 것이다.

● 높은 몸값 만들기

전자제품을 살 때 무료배송을 해 주는 경우가 많다. 그런데 이는 이미 가격을 측정할 때 배송비까지 염두해 두고 가격을 측정한 것이다. 가격이 비싸서 고객이 사지 않을까 봐 가격을 낮게 측정하고 배송비를 별도로 측정해 두었다고 생각해 보자!

아마 고객은 배송비를 부담스럽게 생각할 수가 있을 것이다. 오히려 제 값에 물건을 샀는데 배송을 서비스로 해 준다는 생각을 들게 해 주는 것이 물건을 구매할 확률을 높이게 될 것이다.

나 또한 나의 몸값을 다른 마술사보다 높게 측정을 해 두었다. 물론 내가 가지고 있는 남다른 고가의 장비와 나의 실력 때문이다. 그리고 고객들도 그것을 느끼게 된다. 마술사를 섭외하려는 고객이 가격비교를 하기 위해 전화를 했을 수도 있다. 그런데 다른 마술사보다 높은 가격이 측정된 나를 보면서 뭔가 특별한 것이 있을 것 같다는 느낌을 많이 받는다고 한다. 그래서 섭외되는 경우가 많다.

물론 비싼 가격에 섭외가 되지 않는 경우도 있다. 그래도 괜찮다. 내가 설 공연의 사이즈가 되지 않는 경우이기 때문이다.

판매왕의 물건 흥정법

앞선 글에 당근마켓에 대해서 언급한 적이 있다.

지역 중고 거래가 당근 마켓을 통해 활발해지면서 누적 다운로드 2천만 회, 월 사용자 수 1천만 명을 기록했다. 특히 3040세대 주부들의 이용률이 폭발적으로 증가했다. 실제로 거래 완료건을 기준으로 누적 9만 1,782톤의 온실가스를 줄인 효과를 거뒀다고 하니 돈도 벌고 지구도 살린 셈이다.

그런데 유독 내가 올린 물건만 잘 팔리지 않아 고민이라는 사람들이 있다. 구매자 입장에서 사고 싶어지는 게시물이 따로 있다는 사실. 이것들만 잘 지켜도 우리 동네 판매왕이 될 수 있다!

당근 마켓을 처음 사용할 때 주변 지인에게서 어떻게 하면 물건을 비싸게 팔 수 있는지에 대해서 알아본 적이 있다. 글을 쓴 사람은 판매왕이었고, 물건을 흥정하는 방법 그리고 잘 파는 방법에 대해 알려 주었다.

먼저 게시물 제목 간결하게 적기이다.

구매 의사가 있는 당근마켓 앱 이용자가 게시글을 누르지 않고도 볼 수 있는 정보는 물건의 첫 번째 사진, 글의 제목, 가격이다. 이 중에서 글 제목은 물건의 정확한 이름과 품명만 표시하는 것이 좋다.

만약 팔고 싶은 것이 가방이라면 브랜드명, 가방의 색, 가방이라는 카테고리를 기재하고 유명한 제품이라면 품명을 추가로 적으면 된다. 중요한 것은 구매자가 검색 기능을 이용했을 때 내 상품이 노출될 수 있도록 적는 것이다.

그리고, 제일 중요한 구매 욕구를 상승시키는 사진을 찍는 법이다.

구매 욕구를 상승시키는 사진을 찍기 위해서 반드시 고가의 카메라가 필요한 것이 아니다. 내가 가지고 있는 휴대폰으로도 얼마든지 내가 팔 물건을 고급스럽고 새것처럼 보이게 할 수 있다.

첫 번째, 휴대폰 카메라 렌즈 닦기

휴대폰은 수시로 만지는 만큼 여러 가지 이물질이 카메라 렌즈에 달라붙어 있을 수 있고 내 손의 기름기가 화질을 뿌옇게 만들고 있을 수도 있다. 가지고 있는 천이나 옷소매로 렌즈를 한번 문지르고 나면 나도 몰랐던 휴대폰 카메라의 진가를 발견하게 될지도.

두 번째, 화면 안에 불필요한 물건들은 치우고 깔끔한 배경 찾기

내가 팔고 싶은 물건이 있다면 카메라 화면 안에는 그 물건만 담겨야 한다. 그 외의 물건들이 함께 담긴다면 자칫 지저분해 보일 수 있고 물건의 품질까지 떨어져 보인다. 물건의 배경이 되는 곳은 화려한 무늬나 시선을 빼앗는 색이 있는 곳을 피하는 것이 좋다. 될 수 있으면 흰색 혹은 검은색 배경의 책상이나 벽지가 무난하다. 또한 내 물건의 색상과 비슷한 색의 배경을 피해야 물건을 돋보이게 된다.

마지막 수평 제대로 맞추기이다.

물건을 제대로 놔도 카메라가 비뚤어져 있다면 물건도 어딘가 이상해 보인다. 반대로 수평만 제대로 맞춰도 훨씬 안정적으로 보이는 법. 보통 휴대폰 카메라에는 이런 수평을 잘 맞출 수 있도록 선이 그어져

우리 얘기 좀 하자

있으니 이 선을 잘 맞춰서 수평을 지키면 된다.

가격은 물건을 판매할 때 가장 중요한 요소 중 하나일 것이다. 가격에 대한 관리는 먼저 팔고 싶은 물건의 중고 시세를 알고 가격을 정해야 한다. 내가 산 가격이 아무리 높더라도 시중에 판매되고 있는 중고 물품보다 가격이 터무니없이 비싸다면 아무도 사지 않는다.

먼저 검색 기능을 활용해서 내 물건과 같은 제품을 올린 다른 게시글과 비교해 보자. 그리고 포털 사이트에 올라온 최저가도 검색해 보면 이제 얼마에 물건을 팔아야 할지 감이 잡힌다. 최소로 생각하는 금액을 바로 적지 말고 조금 높여 작성한 후에 가격 제안을 받을 수 있도록 하는 것도 좋다. 가격 제안을 열어 두면 누군가가 금액을 제시할 수 있고 금액이 마음에 든다면 수락하여 채팅을 시작할 수 있다.

이렇게 한다면 판매 준비는 끝이 나는 것이며 판매를 하는 과정에서 고객에 대한 최대한의 예의로 나의 평판을 높이 쌓는 것도 중요하다.

나와 거래한 신규고객이 단골 고객이 되며, 신규고객의 후기 및 구전으로 통해서 또 다른 신규고객을 불러 들어올 수 있기 때문이다. 신규고객 관리도 중요하지만 기존고객 관리도 중요하다는 점을 알아야 한다.

9-3

마감의 진짜 법칙

먼저 마감 시간이라 하면 학생이나 일을 하는 사람이라 칭하면 꼭 필요한 단어의 정의이다. 업무를 맡거나 숙제가 있거나에 대해서 명심해야 할 마감 날짜이다. 이를 바탕으로 하여 스케줄 계획을 짜거나 일정을 맞추며 삶의 패턴을 유지해 나가거나, 또는 더욱 발전시키기도 한다.

마감의 법칙이라 하는 마감시한이 짧으나 기나 최종결과는 마찬가지거나 오히려 짧을 때 높은 수준을 보이는 현상이다.

이를 파킨슨의 법칙이라고도 불린다. 어떤 일을 완수하도록 주어진 시간에 비례하여 그 업무의 복잡성은 점점 더 크게 인식된다.

하지만 모든 것이 계획대로 된다면 얼마나 좋을까 전체 계획 중 일부분은 특정 불확실한 사건에 의해서 균형이 망가진다.

이러한 상황에 처하게 된다면 누구나 당황하게 되며, 자신의 역량을 100% 발휘하지 못하는 상황에 처하기 마련이다. 하지만 일정 정도의 규제는 스스로의 발전에 영향을 주는 것이 확실시하다.

때문에 마감의 법칙 즉 파킨슨의 법칙의 실생활에 적용하여 비효율성을 극복하기 위한 7단계를 실천해 보자!

1단계 : 하루 일과를 미리 계획하자.

2단계 : 각 업무에 대한 마감시한을 설정하자.

3단계 : 업무 효율성 제고를 위해 각 업무별 배정시간을 단축하자.

4단계 : 각 업무의 마감시한을 준수하자.

5단계 : 우선순위가 떨어지는 사소한 일에 집착하지 말자.

6단계 : 근무시간에는 업무 방해 요소를 차단하자.

7단계 : 하루 일과가 끝나면 스스로에게 보상하자.

파킨슨의 법칙은 개인이나 조직의 생산성을 제고를 위해서는 자유방임보다 일정 정도의 제약이 바람직하다는 사실을 알린다. 예컨대, 정해진 업무는 그에 적합한 최적의 시간과 자원을 배정함으로써 훨씬 더 효과적으로 수행될 수 있다는 것이다.

한 회사를 이끄는 대표로서 직원들을 바라보면 파킨슨의 법칙을 적용하는 직원과 그러지 않는 직원은 큰 차이가 난다. 시간이 지나고 나서 주어진 업무를 모두 완료했느냐는 질문을 던지면 파킨슨의 법칙을 활용한 직원은 업무를 완료하고 그렇지 않은 직업은 마냥 시간이 없었다고만 이야기한다. 예전에는 그렇지 않은 직원을 설득하기 위해 노력했으나 그 에너지를 잘 하는 직원에게 집중시키니 그 직원으로 인해 업무 효율이 증가했다. 그렇지 않은 직원에게 쓸 에너지를 업무 효율을 높여 준 직원에게 보너스로 주니 서로의 정신적인 스트레스는 줄고 윈윈할 수가 있었다.

● 상대방의 결정을 이끌어내는 마감의 법칙

마감의 법칙에는 개인의 역량을 끌어올리는 방법도 있지만 상대방을 설득할 때도 적용이 된다. 홈쇼핑이나 라이브 커머스가 이에 해당한다.

'지금 이 시간에만 이 가격에 판매합니다.'
'이 상품은 한정판 제품입니다. 이제 더 이상 생산되지 않습니다.'

이런 말들을 듣는 순간 나도 모르게 주문을 하고 있는 모습을 볼 수가 있다.

마감의 법칙은 특히나 무언가 결정을 잘 하지 못하는 사람에게는 효과가 더욱 두드러지게 나타난다. 기회를 놓치면 손해 보는 느낌이 드는데 사람들은 이익보다 손해 보는 경우 민감하게 반응을 한다.

즉, 이 민감한 반응을 이끌어 내는 게 바로 마감의 법칙이다. 빨리 결정하지 않으면 생기는 손실을 알려 주는 것이다.

9-4

다이나믹 포킹

앞서 상대방의 마음과 행동을 이해하는 법을 배웠다. 당신이 고객과의 대화에서 고객의 지루함을 감지할 수 있을 것이다.

당신은 고객과 마주하고 있다. 당신은 어떻게 해서든 고객의 마음을 사로잡아 꼭 거래를 성사시키고 싶을 것이다. 하지만 어디에 포인트를 잡아야 할지도 모르고 감이 오지 않아 당신이 가지고 있는 상품의 큰 장점만을 설명을 하고 있다.

> 나　： 이 제품은 기존의 제품보다 성능이 무려 5배 이상 뛰어납니다. 지금까지 볼 수 없는 성능을 볼 수가 있죠~
>
> 고객 ： (시큰둥하다)
>
> 나　： 이런 이야기는 다른 회사도 이런 점을 장점으로 내세우겠지만, 저는 영업직원이니 만큼 '까놓고' 얼마나 할인해 드릴 수 있는지 말씀 드리겠습니다. 어떻게 생각하십니까?

고객 : (미소를 띄며) 호오~ 아주 좋아요. 그래서 얼마까지 할인
　　　해 주실 수가 있나요?

　영업을 하면서 다이나믹 포킹을 구사할 때 제일 염두해 두어야 하
는 것은 고객의 입장에서 생각해야 한다는 것이다. 관심도 없는 이야
기만 장황하게 내놓는다면 고객의 발길을 돌리게 만들 것이다.

　따라서 고객이 원하는 이야기를 하며 고객의 가려운 곳을 시원하게
긁어 줘야 할 것이다. 그렇다면 고객은 이 판매원은 '제법 예리한데?'
생각하며 감탄을 자아낼 것이다. 이번 구매뿐만 아니라 당신의 단골
고객이 될 것이다.

● 나의 자동차 구매 경험담

나는 공연용 차량을 사려고 자동차 매장에 방문한 적이 있다. 차량은 정해졌고 옵션을 넣는 단계에서 어떤 옵션들을 주로 넣는지 판매사원에게 물어 봤다.

> 판매사원 : 이 옵션은 외장 라이트와 휠 부분이 더 멋지게 되어 나오는 옵션입니다. 차량을 더 돋보이게 돼서 많이들 신청하세요!
>
> 나　　　 : 그런데 업무용으로 쓸 건데 굳이 필요할까요?
>
> 판매사원 : 그렇죠~ 많이들 선택하지만 고객님의 경우에는 업무용이잖아요! 보통 업무용 차량은 이 옵션은 하지 않으세요~ 대신에 (다른 옵션을 집으며) 이 옵션을 더 많이 선택하시죠! 이 옵션은 어쩌구 저쩌구~

　　　　　　　　　　　　　　　　　　우리 얘기 좀 하자

나는 속으로 생각했다.

이건 소통 강의를 들어보신 건가? 아니면 판매하고자 하는 본능인가?

어쨌든 열심히 하는 모습에 반했고 그 차를 무사히 계약을 했다.

9-5

단골고객

이전 글처럼 단골고객이란 신규고객을 지속해서 잘 관리하여 유지한 결과이다.

이러한 단골고객은 다른 판매자로 이동할 확률이 적지만 너무 느슨하게 생각해서는 안 된다. 약간이라도 타판매보다 경쟁력이 떨어지는 순간 고객이탈은 시작하기 때문이다. 그러므로 단골고객 즉, 기존 고객관리도 매우 중요하다.

첫째, 가성비와 가심비, 가사비까지 충족하여 경쟁력을 보여 주자.

둘째, 진정성 있는 태도와 다양한 이벤트로 고객감동의 수준에 도달하는 것도 열정을 나타낼 수 있다.

셋째, 고객을 선생님으로 생각하는 겸손함과 당당함은 고객에 대한 진정성과 예의를 보여 준다.

넷째, 고객을 무서워하는 마음으로 고객에 꾸준히 서비스를 제공하

우리 얘기 좀 하자

며 고객에 대한 신뢰를 나타내야 한다.

이처럼 정직함과 성실함 그리고 진정성은 지속적인 단골 고객의 유지가 이어질 것이며, 더 나아가 매출향상으로 이어질 것이다.

● 행사왕이 된 비결

　사람들은 나에게 너는 공연이나 강의가 왜 그리 많냐고 물어본다. 영업을 진짜 잘하는 것 같다는 말과 더불어서 말이다. 하지만 난 영업을 잘하지 않는다.

　단순히 좋은 공연과 교육을 무대에 올리고 그 공연을 본 담당자들이 다시 나를 찾게 만드는 게 첫 번째고 나를 찾아 주는 담당자들과 꾸준히 좋은 사이를 유지하며 서로의 의리를 지키다 보니 바쁘게 움직일 수 있게 된 것이다.

　즉 단골고객이라고 절대 느슨해지지 말라는 것이다. 나는 내 사람일수록 더욱 정성을 더한다.

9 - 6

고객이 선택한 느낌을 줘라

마술도 관객이 직접 선택한 것을 맞출 때 신기함이 배가 된다.

상품을 구매하는 것도 마찬가지고 고객에게 선택지를 줘서 직접 선택한 느낌을 주는 것도 매우 중요하다.

하지만 억지 강매는 화가 난다. 물건을 판매 목적으로 지속적인 홍보를 하는 것은 좋다. 하지만 넘지 말아야 할 선이 있는데, 그 선을 넘으면 억지 강매가 되는 것이다.

억지 강매는 고객의 신뢰성을 떨어뜨리며, 동시에 고객 이탈까지 이어지는 행위이므로, 피하는 전략이다.

중고차 시장에 대한 이야기를 해 보고자 한다.

중고차 시장은 내가 원하는 차량을 기다리지 않고 바로 받아 볼 수 있다는 장점과 대기업 진출까지 더해져 높은 신뢰성과 더불어 좋은 제품을 지니고 고객들에게 폭넓은 선택을 제공한다.

그래서 중고차의 경우 셀러가 먼저 고객에게 판매를 강요하는 것이 아닌 고객이 직접 선택을 하는 기회 시장이다. 이 과정에서 고객은 내가 직접 선택한 차량에 대해서 만족감을 느끼며, 판매의 확률이 매우 높다.

하지만, 요즘 몇몇 중고차 딜러의 강매로 중고차 시장의 이미지가 매우 추락한 것 또한 사실이다. 만약 억지 강매 같은 고객이 선택하지 않는 제품을 강제 요구를 하는 것보다 고객이 선택한 일이라면 화가 덜 나기 마련일 것이며, 만족감 또한 매우 우수할 것이다.

판매의 제품에 따라 고객에 홍보를 하고 고객이 직접 선택이 힘든 경우 서비스를 제공해야만 하지만, 고객에게 직접 선택을 할 수 있도록 배려 담긴 요청을 시작으로 판매를 이어나가는 것도 장기적으로 고객 유치에 매우 도움을 주는 전략일 것이다.

● 상대방이 주는 신뢰감에 나도 마음이 간다.

나도 남자지만 자동차에 대해서 잘 모른다. 그래서 자동차 엔진 오일 갈러 갔는데 아래와 같은 이야기를 들으면 안전과 관련된 찝찝함 때문에 그 부분의 부품도 교체를 하게 된다.

'이거는 무조건 갈아야 해요~'
'라이닝이 다 닳았어요~'
'벨트를 갈아야 돼요~'

그러나 다시는 그 정비소에 가지 않게 된다. 뭔가 장삿속 느낌이 들기 때문이다.

그런데 이런 경우는 매우 신뢰가 가서 계속 가게 되는 정비소가 있다.

우리 얘기 좀 하자

'이거 라이닝 많이 닳았는데 지금 당장은 아니더라도 다음 엔진
오일 갈 때쯤이면 같이 교체를 해야 할 것 같아요.'

　나에게 정보를 주고 선택을 강요하진 않음으로써 신뢰가 매우 갔
다. 그리고 나는 불안한 마음에 그냥 지금 갈아주세요! 하면서도 진작
에 알게 돼서 다행이라는 만족감까지 안게 되었다.

9-7

실수를 성공으로 바꿀 수 있는 힘

"실패는 성공의 어머니"라는 말은 우리 모두가 알고 있다. 그런데 이 말이 의미하는 바가 무엇일까? 단순히 실패한 사람들을 위로하기 위해, 주변에 실패한 사람들이 성공한 사람보다 많기에, 하는 말일까? 아니면, 보다 더 세련되게 생각하여 실패를 하다보면 확률적으로 성공할 가능성이 높아질 수 있다는 것일까?

사실 우리들 대부분은 이런 기대를 갖곤 한다. 도박장 슬롯머신에서 연속해 돈을 잃으면서 왠지 대박의 찬스가 가까이 오고 있는 것처럼 느낀다. 하지만 이는 우리의 주관적인 확률 추정의 오류, 소위 말하는 도박꾼의 오류다. "실패하기를 두려워하지 말고 과감히 연속해서 시도하라"라는 처세술적 충고에서도 실패하다보면 언젠가는 성공하게 된다는 막연한 기대가 포함되어 있다.

우리 얘기 좀 하자

누구나 실수를 하면 의기소침해지기 마련이다.

본인 또한 처음에 업무를 하거나 일상생활에서 실수를 하면 '내 잘못이다'라는 자책을 함으로써, 스스로의 자존감을 깎아 내리곤 했다. 하지만 지속적으로 실수에 의한 데미지는 점차적으로 쌓여가고, 생각의 모토를 바꾸어 보도록 하였다.

실수를 인정하되 실수를 기반으로 다시 일어나는 것이었다. 우리가 알고 있는 아인슈타인과 스티븐 호킹 또한 많은 연구의 실패와 시도로 역사에 남는 상대성이론과 우주이론을 펼치게 되었다. 이처럼 실수를 기반으로 다시 새롭게 일어서는 방법을 배우는 것이 성장이자 실패는 성공의 어머니라는 말을 다시 한번 되새기는 순간이라고 여긴다.

나의 경우는 처음 회사를 운영하면서 1억의 빚을 진 적이 있다. 너무 절망스러웠다. 그 당시 나에게 1억은 너무도 큰돈이었기 때문이다. 그러나 결국 그걸 이기고 나니 10억 빚을 져도 갚아 낼 수가 있겠다는 생각이 들었다. 나의 사업은 더욱 과감해졌고 더욱 일이 잘 풀리게 되었다.

에필로그

책에서 보았듯이 언어와 표정의 전달은 소통을 뛰어넘어 감정과 사람의 관계까지 이어지는 신비한 마술 같은 것이다. 우리는 살아가면서 많은 사람을 만나고 여러 경험을 해 가면서 전달의 형태는 점차적으로 스스로에 맞춰 간다고 볼 수 있다. 그 형태는 일정치 않으며 변화하는 카멜레온처럼 변화가 심하다. 때문에 무심코 내뱉은 언어와 행동이 가벼워 보이기 쉽고, 보일 수 있어도 더욱 신중하게 판단해야 하는 것이다.

가치의 증명은 그리 어렵지 않다. 한마디 한마디가 타인과 스스로를 측정하는 지표가 될 것임에 인지를 수반한다는 것을 잊지 말자.

나는 사람과의 관계에 있어 최선을 다하는 편이다. 그 이유는 그 사람과 멀어졌을 때 후회하지 않고 싶기 때문이다. 나는 오너로서 강연가로서 플레이어로서 여러 방면에서 일하는 건 매우 쉬웠다. 하지만

우리 얘기 좀 하자

늘 어려운 건 사람이었다. 내가 최선을 다함에도 원하는 관계가 만들어지지 않는 경우도 허다하다.

끝으로, 한 여행 이야기로 마무리 하도록 하겠다.

사이판에 여행을 간 적이 있다. 그리고 밤에 나이트 투어를 진행했다. 어두컴컴한 길을 차를 이용해 계속해서 달려갔다. 어느 순간 차가 멈춰 섰고 나는 차에서 내렸다. 그리고 그날의 기억을 잊을 수가 없다. 달빛 하나로 주변이 너무 밝았다.

달빛 하나로 이렇게 주변이 밝을 수가 있나? 너무도 신기했다. 그리고 생각이 들었다. 나라는 존재도 밝게 빛나고 있는데 낮에 보니 다른 것이 더 빛나는 것 같아서 내가 빛나고 있는 존재인 것을 몰랐다는 느낌이 들었다.

단, 스스로 빛나지는 않는다. 달빛도 반사되어 빛나는 것처럼 나 또한 나의 소중한 사람들과의 교감이 나를 빛나게 하고 있을 것이다. 내 주변 사람들을 소중히 아끼고 진정한 관계를 맺기 위해 주변을 잘 살펴보면 좋을 듯하다.

그리고 여러분이 사람과의 관계에 있어서 진심을 다했는데도 불구하고 그 사람과 소통이 되지 않는다면 조금은 편하게 생각해도 되지 않을까 싶다.

나와의 인연이 아닌가 보다~

참고자료

천현숙, 「광고에서 언어 힘(language power)의 설득적 역할」, 국내박사학위논문 중앙대학교, 2006.

김기일, 「토마스 베른하르트의 『습관의 힘』에 나타난 언어 연구」, 국내석사학위논문 한국외국어대학교 대학원, 1996.

이지연, 「브로드스키의 〈고르부노프와 고르차코프〉」, 국내석사학위논문 서울대학교 대학원, 1998.

Mayer·Elizabeth Lloyd, 「왜 여자의 육감은 잘 맞는 걸까」, 북이십일, 2009.

이지영, 「스피노자: 언어의 힘과 공동체」, 哲學硏究 126, 2013.

이성하, 「인지와 언어에 반영된 차원 인식과 힘의 역학」, 2012.

이성하, 「인지와 언어에 반영된 차원 인식과 힘의 역학」, NRF KRM(Korean Research Memory), 2011.

피즈·앨런, 「말을 듣지 않는 남자 지도를 읽지 못하는 여자」, 가야넷, 2000.

최철규·김한솔, 「협상 3.0시대, 먼저 상대의 마음을 열어라」, https://dbr.donga.com/article/view/1203/article_no/4855/ac/magazine, 동아비즈니스리뷰, 2021. 10. 10.

네이버 지식백과, 「피그말리온 효과」, https://terms.naver.com/entry.naver?docId=3377383&cid=58345&categoryId=58345, 2021. 10. 15.

「보이지 않는 고릴라의 비밀」, https://www.sciencetimes.co.kr/news/%EB%B3%B4
　　　　%EC%9D%B4%EC%A7%80-%EC%95%8A%EB%8A%94-%EA%B3%A0%EB
　　　　%A6%B4%EB%9D%BC%EC%9D%98-%EB%B9%84%EB%B0%80/, The
　　　　Science Times, 2021. 5. 30.

네이버 지식백과, 「이중구속」, https://terms.naver.com/entry.naver?docId=1227061
　　　　&cid=40942&categoryId=31531, 2021. 4. 20.

「EBS 다큐프라임 '동과 서'」, https://home.ebs.co.kr/docuprime/newReleaseView
　　　　/281, 2021. 3. 13.

「성공한 창업자들의, 매출 2배 상승시키는 '고객관리 노하우'」, https://post.naver.
　　　　com/viewer/postView.naver?volumeNo=32871307&memberNo=30298297
　　　　&vType=VERTICAL, 2021. 6. 23.

「파리 예술가들이 격렬히 반대했던 에펠탑 이야기」, https://post.naver.com/viewer/
　　　　postView.nhn?volumeNo=26067822&memberNo=16714554&vType=VERT
　　　　ICAL, 2021. 7. 22.

네이버 지식백과, 「미스디렉션」, https://terms.naver.com/entry.naver?docId=205182
　　　　3&cid=42911&categoryId=42911, 2011. 7. 25.

전성기, 「당근마켓 판매왕되는 8가지 비법」, https://www.junsungki.com/magazine/
　　　　post-detail.do?id=3345&group=TRIP, 2021. 12. 1.

이영우, 『마술처럼 설득하라』, 좋은땅, 2019.

이시이 히로유키, 『콜드리딩』, 엘도라도, 2012.

우리 얘기 좀 하자

ⓒ 최형배, 2022

초판 1쇄 발행 2022년 9월 29일

지은이   최형배
펴낸이   이기봉
편집   좋은땅 편집팀
펴낸곳   도서출판 좋은땅
주소   서울특별시 마포구 양화로12길 26 지월드빌딩 (서교동 395-7)
전화   02)374-8616~7
팩스   02)374-8614
이메일   gworldbook@naver.com
홈페이지 www.g-world.co.kr

ISBN   979-11-388-1265-8 (03180)

- 가격은 뒤표지에 있습니다.
- 이 책은 저작권법에 의하여 보호를 받는 저작물이므로 무단 전재와 복제를 금합니다.
- 파본은 구입하신 서점에서 교환해 드립니다.